Studienbrief der Trainerakademie Köln
des Deutschen Sportbundes

Studienbrief 14

Grundlagen der Biomechanik

von Wolfgang Baumann

Hofmann-Verlag Schorndorf

CIP-Titelaufnahme der Deutschen Bibliothek

Baumann, Wolfgang:
Grundlagen der Biomechanik / von Wolfgang Baumann. [Hrsg.: Trainerakad. Köln e. V.]. — Schorndorf : Hofmann, 1989
(Studienbrief der Trainerakademie Köln des Deutschen Sportbundes ; 14)
ISBN 3-7780-8141-1
NE: Trainerakademie <Köln>: Studienbrief der Trainerakademie...

Bestellnummer 814

Herausgeber: Trainerakademie Köln e. V.

Redaktion: Rolf M. Kilzer

Gesamtherstellung in der Hausdruckerei des Hofmann-Verlags
Printed in Germany · ISBN 3-7780-8141-1

Inhaltsverzeichnis

1. Einführung

Was ist Biomechanik?

Gegenstand der Biomechanik

Die Biomechanik des Sports untersucht die sportliche Bewegung des Menschen und die mechanischen Bedingungen dieser Bewegung. Eigenschaften der Bewegung und des sich bewegenden Körpers werden gemessen, quantitativ beschrieben, miteinander verglichen, Unterschiede und Zusammenhänge ermittelt, unter Anwendung mechanischer Gesetze modelliert mit dem Ziel, die sportliche Leistung aufgrund gesicherter Erkenntnisse über ihre wesentlichen Komponenten zu verbessern.

Die wissenschaftlichen Grundlagen der Biomechanik sind die ***Mechanik*** sowie die ***biologischen*** Bedingungen und Gesetzmäßigkeiten der ***Bewegungssteuerung.***

Die Biomechanik befaßt sich genau mit jenen Größen, die für den Trainer in der täglichen Praxis eine Rolle spielen: mit ***Körperhaltungen*** und deren ständigen Veränderungen, mit ***Kräften, Geschwindigkeiten*** und ***Beschleunigungen,*** kurz: mit der Wirkung von Kräften auf den Körper. Mit diesen Größen lassen sich sowohl **Technik** der Bewegung als auch die **Kondition,** die körperlichen Voraussetzungen des Athleten, objektiv und quantitativ beschreiben.

In den letzten Jahren hat das Interesse an der Biomechanik ständig zugenommen. Trainer und Athleten, aber auch Sportorthopäden erwarten Antworten auf folgende Fragen:

— Von welchen biomechanischen Faktoren hängt die sportliche Leistung ab?
— Wie kann man die sportliche Technik verbessern?
— Wie kann man die körperlichen Voraussetzungen des Athleten verbessern?
— Welche Faktoren beeinflussen die Belastung des Bewegungsapparates?
— Wie kann man Überlastungsschäden vermeiden?
— Welche Rolle spielen dabei Sportgeräte und die Ausstattung des Sportlers?

Die Beantwortung solcher Fragen gehört sicher zu den wesentlichen Grundlagen eines systematisch aufgebauten Trainings.

Im Hochleistungssport genügt es nicht mehr, rein empirisch und intuitiv zu arbeiten, dem Zufall zu viel Spielraum zu lassen. Optimale Trainingskonzepte lassen sich nur noch mit wissenschaftlicher Unterstützung entwickeln. Dabei nutzt der Sport, wie jeder andere Bereich unserer Gesellschaft, Wissenschaft und Technik zu seiner weiteren Entwicklung.

Wie arbeitet die Biomechanik?

Methode der Biomechanik

Als naturwissenschaftliche Disziplin basiert die Biomechanik auf der ***Erfahrung.*** Theorie und Praxis (Experiment) stehen in ständiger Wechselwirkung und müssen stets miteinander im Einklang stehen. Jede theoretische Aussage ist in der Praxis zu überprüfen und umgekehrt sollte jedes experimentelle Ergebnis von der Theorie erklärt werden können.

Die biomechanische Methodik umfaßt sowohl die Meßverfahren selbst als auch die theoretisch fundierte Weiterverarbeitung und mechanische Analyse der unmittelbaren Meßergebnisse. Die Messungen werden i. a. während der Bewegungsausführung durchgeführt und müssen den besonderen Bedingungen der Trainings- bzw. Wettkampfsituation Rechnung tragen.

Meßverfahren

Zur rückwirkungsfreien, d. h. den Bewegungsablauf nicht beeinflussenden Registrierung von Bewegungsabläufen werden ***Film-*** und zunehmend auch ***Videokameras*** eingesetzt. Bei Bildfrequenzen bis 500 Bilder/Sekunde und mehr sind extreme Zeitlupen möglich, die die Analyse sehr kurzer Bewegungsabschnitte erlauben. ***Elektronische*** Verfahren zur Bestimmung von Körperwinkeln, Geschwindigkeiten und Beschleunigungen können — zusammen mit ***Datenfernübertragung*** (Telemetrie) — die Darstellung der entsprechenden Meßergebnisse zeitgleich mit der Bewegungsausführung erlauben. ***Kraftmeßplatten*** gestatten die Registrierung und Darstellung von Reaktionskräften etwa in der Stützphase bei Lauf und Sprung; spezielle ***Kraftmesser*** können auch in Sportgeräten (Turnen, Radfahren, Skilauf u. a.) die auf den Körper einwirkenden Kräfte messen und zeitgleich mit der Bewegung darstellen ***(Sofortinformation).*** Am Körper des Athleten aufgeklebte ***Elektroden*** schließlich geben Auskunft über die Aktivität bestimmter Muskelgruppen, die bei einer Bewegung beteiligt sind. Mit ***biomechanisch-anthropometrischen*** Messungen werden die

Abmessungen und die Massenverteilung des menschlichen Körpers ermittelt.

Als Resultate sind verfügbar: objektive und quantitative Beschreibungen aus den Bereichen Kinematik und Dynamik der Bewegung, Aktivität und Koordination der Muskulatur, Belastung des Bewegungsapparates. In Abhängigkeit von verwendeten Verfahren und dem Umfang der weiteren Verarbeitung können die interessierenden Ergebnisse zeitgleich mit der Bewegung zur Verfügung gestellt werden oder mit mehr oder weniger großer Zeitversetzung (z. B. wegen Filmentwicklung, Auswertung, Verarbeitung) ermittelt werden. Der Einsatz von Computern spielt dabei eine wesentliche Rolle.

Wozu braucht man Biomechanik?

Anwendung im Sport

Die Biomechanik kann auf viele grundlegende und sportartspezifische Fragen Antworten finden. Man kann sich auf zwei unterschiedliche Informationsquellen stützen: Mechanische Gesetze (Theorie) und Ergebnisse biomechanischer Untersuchungen von realen Bewegungsabläufen.

Die korrekte Anwendung der **mechanischen Gesetze** liefert Grundlagen zum besseren Verständnis der Bewegungen und der Zusammenhänge einzelner Bewegungsmerkmale. (Diese Überlegungen sind oft der Ausgangspunkt für systematische biomechanische Untersuchungen.)

Fragen wie folgende lassen sich damit beantworten:

— Wie hängt die Stoßweite der Kugel von Abflughöhe, Abfluggeschwindigkeit und Abflugwinkel ab?

— Gibt es einen optimalen Abflugwinkel?

— Kann der Weitspringer in der Flugphase einen unerwünschten Rückwärtsdrall kompensieren?

— Ist die Dauer der Flugphase (Turnen, Eiskunstlauf) von der Sprunghöhe oder der Sprungweite oder von beiden abhängig?

— Wie hängt die Ballgeschwindigkeit (z. B. beim Tennisaufschlag) mit der Masse des Schlägers, seiner Geschwindigkeit und der Härte der Bespannung zusammen?

— Welche Wirkungen haben Schwungbewegungen und wie sind sie grundsätzlich zu koordinieren?

Ergebnisse **biomechanischer Untersuchungen** lassen sich in zweifacher Weise nutzen: auf der Ebene der objektiven Bewegungsbeschreibung und auf der Ebene vertiefter Bewegungsanalysen.

Die **Bewegungsbeschreibung** ist eine objektive, quantitative Darstellung des tatsächlichen Ablaufs der Bewegung. Sie beantwortet die grundsätzliche Frage „wie ist es?" und ist damit in folgenden Teilbereichen anwendbar:

— Objektivierung und Differenzierung der Bewegung (Erweiterung, Präzisierung und Schulung der subjektiven Wahrnehmung)
— Ergänzung durch zusätzliche Informationen (die praktisch nicht wahrnehmbar sind) wie auf den Körper einwirkende Kräfte, Aktivitätsmuster der Muskulatur
— Rückkopplung (über den Trainer) an den Athleten zur Verbesserung des Lernprozesses (z. B. Verkürzung der Lernzeit, Überprüfung und Schulung des kinästhetischen Analysators)
— Voraussetzung für Bewegungsanalysen

Die **Bewegungsanalyse** ermittelt aus den gemessenen Größen über mechanische Modelle weitere abgeleitete Größen, die z. T. nicht direkt meßbar sind. Sie ermittelt Zusammenhänge zwischen verschiedenen Bewegungsmerkmalen; dabei bedient man sich sowohl mechanischer als auch statistischer Methoden. Vergleich (Querschnitt, Längsschnitt) und Kausalanalyse (Ursache-Wirkungszusammenhang) stellen die Grundlage für die Beantwortung folgender exemplarisch aufgeführter Fragen dar:

Bewegungstechnik

— Welchen Vorteil bringt der beidbeinige Absprung gegenüber dem einbeinigen?
— Kann man ohne Ausholbewegung genau so hoch springen wie mit?
— Bei welcher Sprungausführung ist man schneller oben?
— Muß man beim Fußballstoß das Kniegelenk bewußt versteifen?
— An welcher Stelle muß der Fuß den Ball treffen, um eine maximale Ballgeschwindigkeit zu erreichen?
— Welcher technische Fehler verursacht den Fehlversuch beim Gewichtheben?

Training

- Welche Veränderungen der Technik ergeben sich zwischen Skiroller und Ski?
- Welche Muskeln sind an einer Bewegung beteiligt?
- Wie groß sind die Muskel- und Gelenkkräfte bei einer Bewegung?
- Gibt es strukturelle Unterschiede zwischen Trainings- und Wettkampfübung?
- Bei welcher Sprunghöhe ist beim Tiefsprung die maximale Trainingsbelastung für bestimmte Muskeln gegeben?
- Welche Muskelgruppe ist das schwächste Glied bei einer Trainings(Wettkampf)übung?

Belastung

- Welchen Einfluß haben bestimmte Eigenschaften des Bodens auf die Belastung?
- Mit welchen Mitteln (äußere Bedingungen und Bewegungsablauf) kann man die Belastung reduzieren? Um wieviel?
- Kann man ungünstige Bodeneigenschaften durch geeignetes Schuhmaterial kompensieren?

Ergebnis

Die Anwendungsmöglichkeiten der Biomechanik erstrecken sich über weite Bereiche der sportlichen Technik, des Technik- und Konditionstrainings sowie der Beurteilung sportlicher Bewegungen im Hinblick auf Leistung und Belastung des Bewegungsapparates. Globale Lösungen können von keiner Wissenschaft erwartet werden, auch nicht von der Biomechanik. Lösungen von Teilproblemen jedoch sind in vielfältiger Weise möglich und für die Weiterentwicklung des Sports von großer Bedeutung. Je mehr biomechanische Erkenntnisse in die Gesamtkonzeption des sportlichen Trainings einbezogen werden können, desto effektiver und humaner kann der Athlet an den Leistungssport herangeführt und betreut werden.

Hinweis →

Dieser Lehrbrief behandelt ausführlich die Grundlagen und Methoden der Biomechanik. Die Anwendungsaspekte werden exemplarisch dargestellt.

2. Grundlagen der Biomechanik

2.1 Mechanische Grundlagen

Definition

> Die **Mechanik** befaßt sich mit den Bewegungen von Körpern, den Kräften, die Bewegungen verursachen oder miteinander im Gleichgewicht stehen.

Die Bewegungen werden mit Hilfe meßbarer Größen quantitativ, d. h. zahlenmäßig erfaßt und beschrieben.

Den Zusammenhang zwischen der *Kraft als Ursache* und der *Bewegung als Wirkung* beschreiben in mathematischer Form die mechanischen Gesetze. Sie stellen verallgemeinerte Aussagen als Ergebnis systematischer Messungen und daraus gewonnener geordneter Erfahrungstatsachen dar. Mechanische Gesetze gelten für alle Körper der belebten und unbelebten Natur. Demnach unterliegen ihnen auch die menschlichen Körperbewegungen. Das bedeutet weiter, daß die Kenntnis der mechanischen Grundlagen der Bewegung von fundamentaler Bedeutung auch für das Verständnis der sportlichen Bewegung ist.

Systematik

Die Mechanik unterteilt man in zwei Teilgebiete: die Kinematik und die Dynamik.

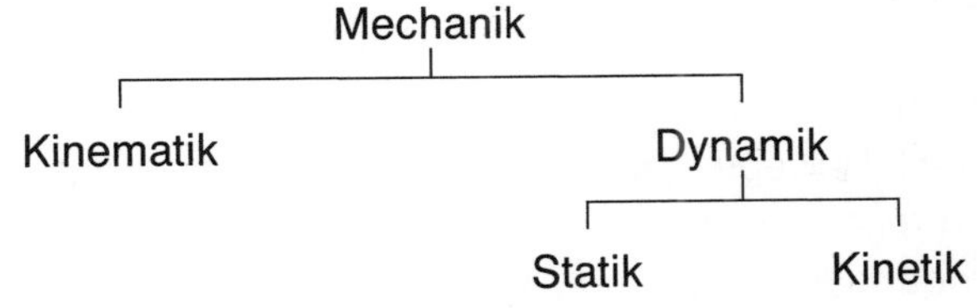

Die ***Kinematik***
beschreibt die räumlich-zeitliche Charakteristik der Bewegung, ohne die Masse der Körper und die einwirkenden Kräfte zu berücksichtigen.

Die ***Dynamik***
befaßt sich mit der Wirkung von Kräften. Sie läßt sich weiter aufteilen in Statik und Kinetik.

Die ***Statik***

untersucht die Bedingungen, unter denen Kräfte miteinander im Gleichgewicht stehen und somit keine beschleunigte Bewegung verursachen.

Die ***Kinetik***

befaßt sich mit der Bestimmung der von Kräften hervorgerufenen Bewegungen. Dies ist die umfassendste und schwierigste Aufgabe.

Hinweis zum wissenschaftlichen Vorgehen

Um die wesentliche Charakteristik der Bewegungen und der sie verursachenden Kräfte zu erfassen, ist es nicht notwendig, sämtliche Details der Bewegung sowie der Eigenschaften des menschlichen Körpers exakt zu beschreiben. So erweist es sich bei vielen Fragestellungen als notwendig, gewisse idealisierende Annahmen zu treffen, Vereinfachungen vorzunehmen. Man sieht z. B. von der Verformbarkeit des Körpers ab und führt den idealisierten starren Körper ein; räumlich und flächenhaft verteilte Kräfte werden durch ideale Einzelkräfte ersetzt; Gelenke werden als ideale Scharnier- bzw. Kugelgelenke aufgefaßt. Durch solche Vereinfachungen wird es möglich, die mechanischen Gesetze in relativ einfacher Darstellung zu formulieren und in der Anwendung auf die menschliche Körperbewegung leichter zu verstehen.

2.1.1 Kinematik

Einführung

Bewegungen sind Ortsveränderungen von Körpern in Raum und Zeit. Bewegung ist nur feststellbar in bezug auf einen anderen Körper. Dieser Körper stellt das Bezugssystem dar und alle Bewegungen werden relativ dazu beobachtet und beschrieben. Absolute Bewegungen gibt es nicht. Normalerweise wählt man die als ruhend angesehene nähere Umgebung des betrachteten Körpers als Bezugssystem: den Sportplatz, den Hallenboden, ein fest installiertes Sportgerät.

Systematik

Wir unterscheiden nach der *räumlichen* Charakteristik *(Abb. 1)* zwei Bewegungsarten: die fortschreitende Bewegung ***Translation*** und die Drehbewegung ***Rotation.***

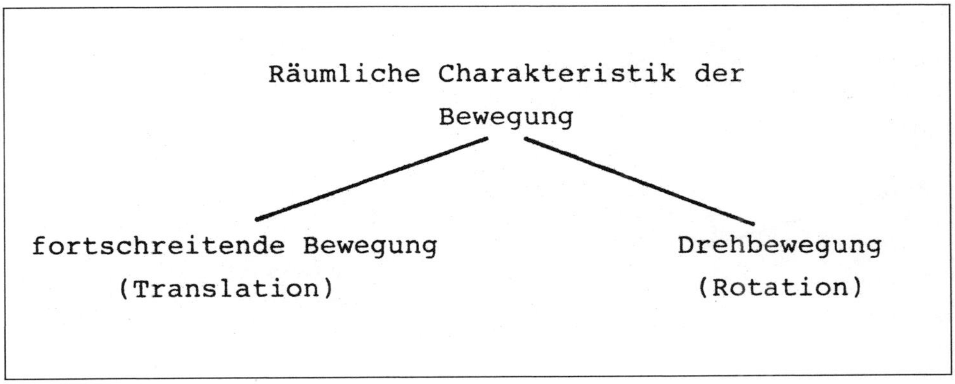

Abb. 1 Räumliche Charakteristik der Bewegung

Die Translation kann sowohl auf einer geraden Linie als auf einer beliebig gekrümmten Kurve im Raum erfolgen *(Abb. 2a, b).* Bei der Translation beschreiben alle Punkte eines Körpers die gleichen parallel zueinander verschobenen Kurven. Es erfolgt keine Drehung des Körpers in sich.

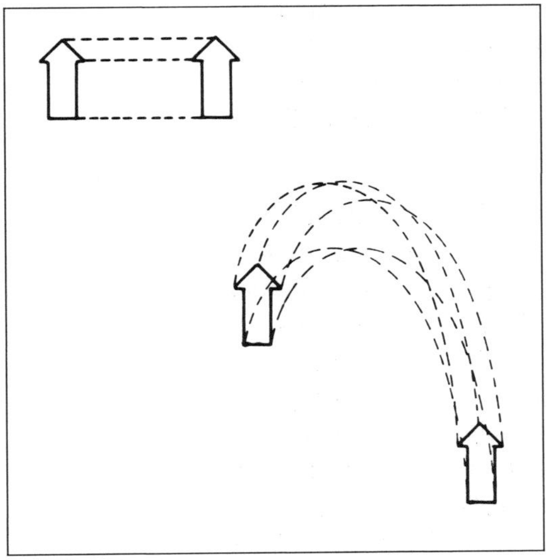

Abb. 2a, b Translation

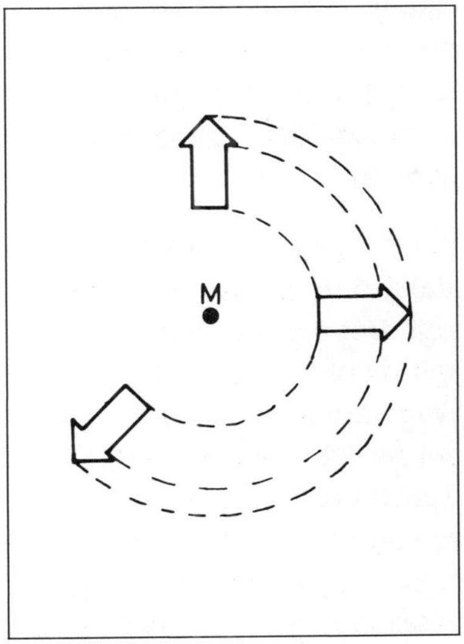

Abb. 3 Rotation

Bei der Rotation beschreiben alle Punkte eines Körpers konzentrische Kreise um den Drehpunkt, d. h. Kreise mit gemeinsamem Mittelpunkt. Der Drehpunkt kann dabei sowohl innerhalb als auch außerhalb des Körpers liegen *(Abb. 3).*

Abb. 4 Translatorische Bewegung

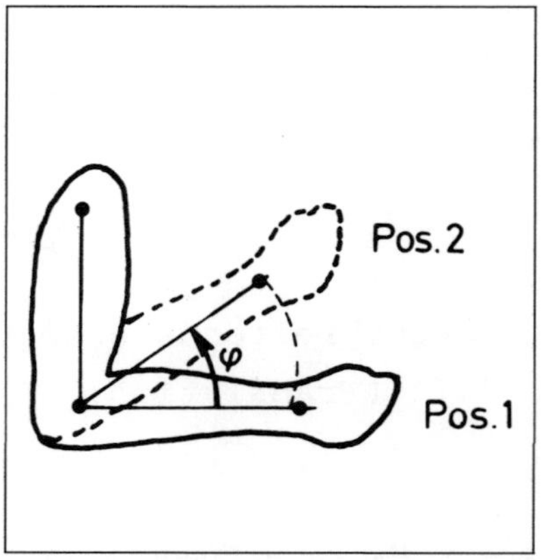

Abb. 5 Rotatorische Bewegung

Typische Beispiele für translatorische bzw. rotatorische Bewegungen des menschlichen Körpers sind in *Abb. 4* bzw. *Abb. 5* angegeben. Im allgemeinen sind menschliche Körperbewegungen zusammengesetzt aus beiden Bewegungsarten.

Neben der räumlichen gibt es auch eine *zeitliche* Charakteristik der Bewegung. Die folgende Einteilung gilt sowohl für fortschreitende Bewegungen als auch für Drehbewegungen. Wir unterscheiden gleichförmige und ungleichförmige Bewegungen.

Bei der gleichförmigen Bewegung ist die Geschwindigkeit konstant, d. h. in gleichen Zeiten werden gleiche Wege zurückgelegt. Bei der ungleichförmigen Bewegung ist die Geschwindigkeit nicht konstant, d. h. in gleichen Zeiten werden ungleiche Wege zurückgelegt. Die ungleichförmige Bewegung kann wiederum gleichmäßig oder ungleichmäßig beschleunigt sein. Gleichmäßig beschleunigt heißt, es herrscht eine konstante Beschleunigung, d. h. in gleichen Zeiten werden gleiche Geschwindigkeitsveränderungen hervorgerufen. Ungleichmäßig beschleunigt heißt, die Beschleunigung ist veränderlich, d. h. in gleichen Zeiten werden ungleiche Geschwindigkeitsveränderungen hervorgerufen. Der letztere Teil ist der allgemeinste, der auch am häufigsten bei menschlichen Körperbewegungen vorkommt.

2.1.1.1 Kinematische Größen bei der Translation

Einführung

Bewegung besteht in Ortsveränderungen mit der Zeit. Um die Bewegung eines Körpers zu untersuchen, ist es erforderlich, den Ort dieses Körpers zu festgelegten, aufeinanderfolgenden Zeitpunkten anzugeben. Wir werden dies am Beispiel einer eindimensionalen, geradlinigen Bewegung durchführen.

Beispiel

Um den Ort eines Läufers auf einer geraden Laufbahn zu bestimmen, wählen wir zunächst als Bezugssystem die Laufbahn selbst und legen am Start den Bezugspunkt (= Nullpunkt der Skala) fest *(Abb. 6)*. Der Ort des Läufers ergibt sich dann einfach durch die jeweilige Entfernung zu diesem Bezugspunkt. So können wir zeitlich nacheinander etwa die Entfernungen x_1 bzw. x_2 zum Bezugspunkt messen. Offensichtlich hat der Läufer seinen Ort verändert und dabei einen bestimmten Weg zurückgelegt. Der zurückgelegte Weg ergibt sich aus der Differenz $x_2 - x_1$. Wird der Ort x wie üblich in Metern gemessen, dann ist auch der zurückgelegte Weg in m gegeben.

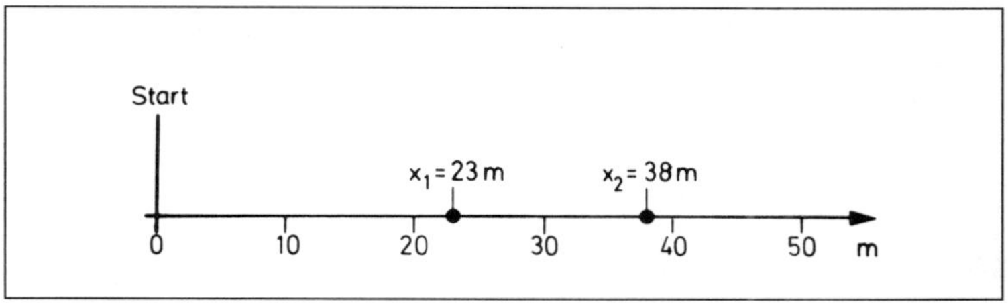

Abb. 6 Ortsveränderung des Läufers vom Start aus

Ist nun — etwa mit einer Stoppuhr — die Zeit bestimmt worden, die der Läufer von x_1 bis x_2 gebraucht hat, dann ist auch die zweite Grundgröße bestimmt, die zur Beschreibung der Bewegung erforderlich ist.

Problemstellung

Aus den beiden Grundgrößen Weg (Länge) und Zeit werden die weiteren Beschreibungsgrößen Geschwindigkeit und Beschleunigung abgeleitet. Deshalb werden diese Beschreibungsgrößen auch als ***Weg-Zeit-Merkmale der Bewegung*** bezeichnet.

Wissenschaftliche Grundlagen

Die Meßgrößen werden häufig — besonders zur kurzen und übersichtlichen Schreibweise von Formeln — durch Symbole oder Formelzeichen ersetzt. Für den Weg ist gebräuchlich x, aber auch s, für die Zeit t. Jede Meßgröße wird in vereinbarten

Einheiten gemessen, der Weg z. B. in Metern, die Zeit in Sekunden. Auch für die Einheiten werden Kurzzeichen benutzt. Für das Meter: m, für die Sekunde: s.

Unmißverständlich kann der Zusammenhang zwischen Größe und Einheit in der folgenden Schreibweise ausgedrückt werden: Eine eckige Klammer [] um das Symbol der Größe heißt „Einheit der Größe", z. B.

[x] = m heißt: die Einheit des Weges ist gleich Meter
[t] = s heißt: Einheit der Zeit ist gleich Sekunde

Geschwindigkeit

Definition

> Die **Geschwindigkeit** ist das Verhältnis (Quotient) des zurückgelegten Weges und der dazu benötigten Zeit:
>
> $$\text{Geschwindigkeit} = \frac{\text{zurückgelegter Weg}}{\text{benötigte Zeit}}$$

Messung der Geschwindigkeit

Bezeichnen wir die Geschwindigkeit mit v, den Weg mit x und die Zeit mit t, dann können wir formelmäßig schreiben

$$v = \frac{x}{t}$$

Messen wir den Weg in Metern (Kurzzeichen: m) und die Zeit in Sekunden (Kurzzeichen: s), dann ergibt sich die Einheit für die Geschwindigkeit Meter/Sekunde oder kurz m/s, denn

$$[v] = \frac{[x]}{[t]} = \frac{m}{s}$$

(lies: Einheit der Geschwindigkeit = Einheit der Länge geteilt durch Einheit der Zeit ist gleich Meter geteilt durch Sekunde.)

Selbstverständlich kann man auch andere Einheiten für die Größen wählen, zum Beispiel für die Geschwindigkeit Kilometer/Stunde, kurz km/h. Der Zusammenhang mit der Einheit m/s ergibt sich aus der Rechnung:

1 km = 1000 m
1 h = 3600 s

$$1\ \text{km/h} = \frac{1000\ \text{m}}{3600\ \text{s}} = 0{,}277\ \frac{\text{m}}{\text{s}}$$

oder umgekehrt 1 m/s = 3,6 km/h

Nehmen wir das Beispiel des Läufers aus der Abb. 6, der die Strecke $x = x_2 - x_1 = 38\ \text{m} - 23\ \text{m} = 15\ \text{m}$ zurückgelegt hat. Die gestoppte Zeit habe betragen $t = 2{,}0\ \text{s}$. Dann ergibt sich für die Geschwindigkeit

$$v = \frac{x}{t} = \frac{15\ \text{m}}{2\ \text{s}} = 7{,}5\ \frac{\text{m}}{\text{s}}$$

Das Ergebnis solcher Messungen für Weg und Zeit können wir auch in ein grafisches Diagramm eintragen. Dazu wählen wir zwei aufeinander senkrecht stehende Achsen (Koordinatenachsen), deren Schnittpunkt wir als Nullpunkt (Koordinatenursprung) bezeichnen. Wir tragen auf der vertikalen Achse den Weg, auf der horizontalen Achse die Zeit ein. Nachdem wir beide Achsen mit entsprechenden Maßeinheiten versehen haben, können wir das Ergebnis unserer Messungen als ***Weg-Zeit-Diagramm*** eintragen. Beim Durchlaufen der Strecke haben wir beispielsweise bei $x_1 = 15$ m die Zeit $t_1 = 2$ s abgelesen, beim Passieren von $x_2 = 20$ m die Zeit $t_2 = 4$ s. Diese Wertepaare tragen wir ein wie in *Abb. 7.*

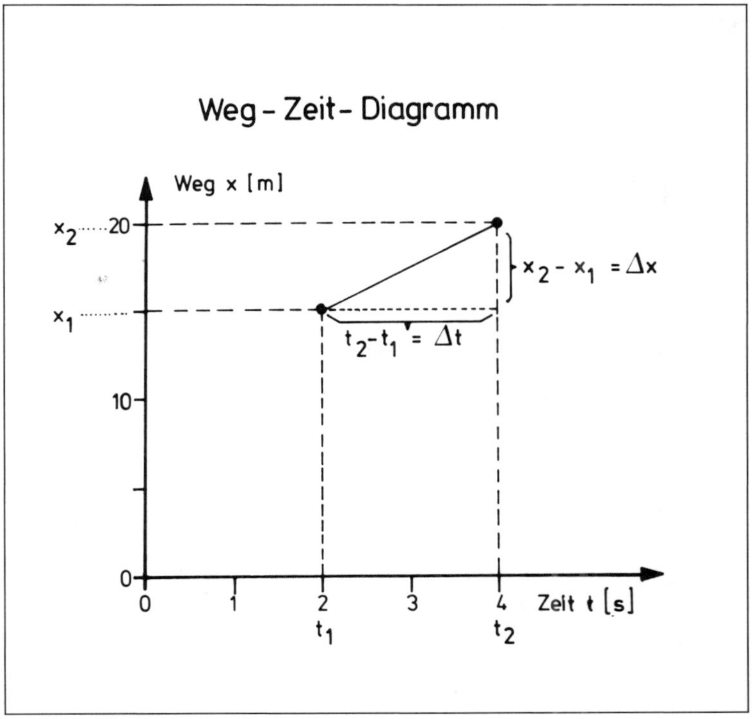

Abb. 7 Weg-Zeit-Diagramm

Der zurückgelegte Weg ergibt sich als Differenz $\Delta x = x_2 - x_1$, die benötigte Zeit als $t = t_2 - t_1$. Mit dem Vorsatz Δ (lies: delta) bezeichnen wir stets ein endliches kleines Intervall bzw. die Änderung einer Größe.

Die Geschwindigkeit v ergibt sich demnach gemäß

$$v = \frac{x_2 - x_1}{t_2 - t_1} = \frac{\Delta x}{\Delta t}$$

In unserem Beispiel:

$$\Delta x = 20\ \text{m} - 15\ \text{m} = 5\ \text{m}$$
$$\Delta t = 4\ \text{s} - 2\ \text{s} = 2\ \text{s}$$
$$v = \frac{\Delta x}{\Delta t} = \frac{5\ \text{m}}{2\ \text{s}} = 2{,}5\ \frac{\text{m}}{\text{s}}$$

Bei gleichförmiger Bewegung ist die Geschwindigkeit *konstant;* in gleichen Zeiten werden gleiche Wege zurückgelegt. Im Weg-Zeit-Diagramm ergibt sich eine Gerade *(Abb. 8).* Für jedes Zeitintervall t ergibt sich das gleiche Wegintervall Δx. Es macht keinen Unterschied, ob wir $v = \frac{x}{t}$ oder $v = \frac{\Delta x}{\Delta t}$ schreiben.

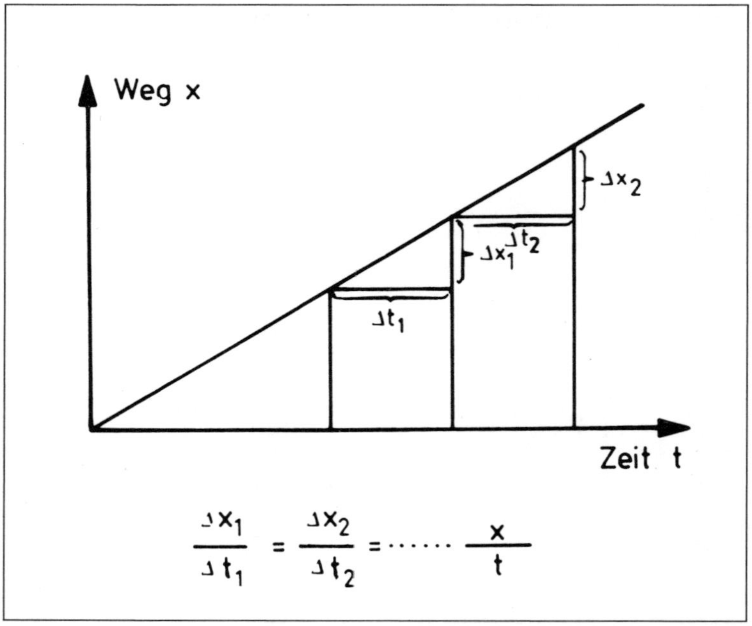

Abb. 8 Weg-Zeit-Diagramm: konstante Geschwindigkeit

Zur Darstellung dieses Sachverhaltes können wir auch ein ***Geschwindigkeits-Zeit-Diagramm*** benutzen, in dem auf der senkrechten Achse die Geschwindigkeit, auf der waagerechten Achse die Zeit eingetragen ist. Bei konstanter Geschwindigkeit ergibt sich das in *Abb. 9* gezeigte Diagramm. Die Funktion v = konstant stellt sich dar als Gerade parallel zur Zeitachse: Für jeden Zeitpunkt hat die Geschwindigkeit den gleichen Wert.

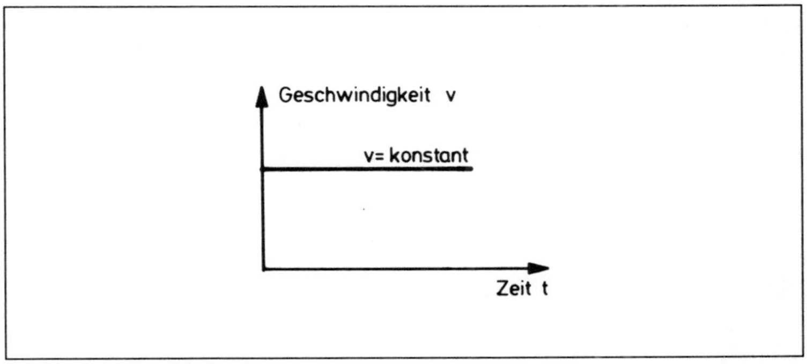

Abb. 9 Geschwindigkeit-Zeit-Diagramm: Konstante Geschwindigkeit

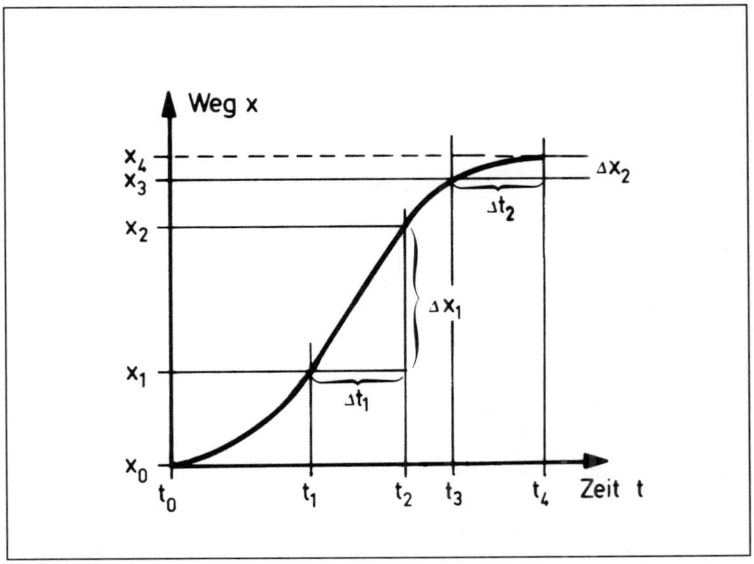

Abb. 10 Weg-Zeit-Diagramm: Veränderliche Geschwindigkeit

Bei ungleichförmiger Bewegung ist die Geschwindigkeit *veränderlich.* Im Weg-Zeit-Diagramm ergibt sich eine Kurve, die im allgemeinen von der Geraden abweicht *(Abb. 10).*

Offenbar ergeben sich für gleiche Zeitabschnitte Δt unterschiedliche Wegintervalle Δx, je nachdem, an welchem Kurvenstück man sich gerade befindet.

So ist die durch $v_1 = \frac{\Delta x_1}{\Delta t}$ gegebene Geschwindigkeit deutlich größer als die durch $v_2 = \frac{\Delta x_2}{\Delta t}$ gegebene. Um die veränderliche Geschwindigkeit zu erfassen, müssen wir eine Unterscheidung vornehmen in Momentan- oder augenblickliche Geschwindigkeit und Durchschnitts- oder mittlere Geschwindigkeit.

Die ***Momentangeschwindigkeit*** ist die Geschwindigkeit zu einem bestimmten *Zeitpunkt.* Die ***mittlere Geschwindigkeit*** ist die Geschwindigkeit, die sich im Mittel (Durchschnitt) für ein bestimmtes *Zeitintervall* (Zeitabschnitt) ergibt.

Die **mittlere Geschwindigkeit** ist immer gegeben als der Quotient

$$\text{mittlere Geschwindigkeit} = \frac{\text{Gesamtweg}}{\text{Gesamtzeit}}$$

Als Kennzeichnung der mittleren Geschwindigkeit wird das Symbol $\overline{v}$ oder v_m benutzt:

$$\overline{v} = \frac{\Delta x}{\Delta t}$$

Beispiel: Ein Sprinter durchläuft die 100-m-Strecke in 10 s. Seine mittlere Geschwindigkeit beträgt

$$\overline{v} = \frac{100\ \text{m}}{10\ \text{s}} = 10\ \frac{\text{m}}{\text{s}}$$

Die momentane Geschwindigkeit wird davon abweichen: Am Anfang ist sie sehr klein (Start aus der Ruhe, $v = 0$), im Abschnitt maximaler Geschwindigkeit wird v wesentlich größer als die mittlere Geschwindigkeit $\overline{v}$ sein.

Für die Momentangeschwindigkeit zu einem bestimmten Zeitpunkt t betrachtet man ein sehr kleines Zeitintervall Δt um den Zeitpunkt t, d. h. man bildet die mittlere Geschwindigkeit zwischen eng benachbarten Zeitpunkten. Läßt man die Zeitdifferenz Δt gegen Null gehen, dann erhält man die momentane Geschwindigkeit v. Mathematisch ausgedrückt heißt dies, die momentane Geschwindigkeit v ist gegeben durch den Grenzwert des Ausdrucks $\frac{\Delta x}{\Delta t}$, wenn man Δt gegen Null gehen läßt. Formelmäßig dargestellt lautet der Zusammenhang

$$v = \lim_{\Delta t \to 0} \frac{\Delta x}{\Delta t}$$

(lies: die Geschwindigkeit ist gleich dem Grenzwert des Ausdrucks $\frac{\Delta x}{\Delta t}$, wenn man Δt gegen Null streben läßt).

In der grafischen Darstellung des Weg-Zeit-Diagramms läßt sich diese Berechnung sehr anschaulich durchführen: Zu dem betrachteten Zeitpunkt legt man an die Weg-Zeit-Kurve die Tangente. Die Steigung der Tangente, d. h. die Wegänderung bezogen auf die entsprechende Zeitänderung gibt die momentane Geschwindigkeit an.

Beispiel *(Abb. 11*, Seite 24): Im Weg-Zeit-Diagramm soll die Momentangeschwindigkeit zu den Zeitpunkten t_1 und t_2 bestimmt werden. Zum jeweiligen Zeitpunkt wird die Tangente an die Weg-Zeit-Kurve eingetragen. Die Steigung dieser Geraden kann durch einen beliebigen Weg-Zeit-Quotienten, d. h. zwei Wertepaare x—t auf der Geraden bestimmt werden. Für Tangente 1 erhalten wir beispielsweise x = 14,5 m; t = 0,7 s. Das ergibt die Steigung und damit die momentane Geschwindigkeit zum Zeitpunkt t_1:

$$v_1 = \frac{14{,}5\ \text{m}}{0{,}7\ \text{s}} = 20{,}71\ \frac{\text{m}}{\text{s}}$$

Entsprechend erhalten wir für Tangente 2 die Werte x = 4 m, t = 1,75 s und damit für die Geschwindigkeit in t_2:

$$v_2 = \frac{4\ \text{m}}{1{,}75\ \text{s}} = 2{,}29\ \frac{\text{m}}{\text{s}}$$

Merksatz

Das Weg-Zeit-Diagramm zeigt allgemein den in bestimmten Zeiten zurückgelegten Weg. Je steiler die Kurve ist, desto größer ist die Geschwindigkeit zu diesem Zeitpunkt. Verläuft die Kurve horizontal (= parallel zur Zeitachse), dann ist die Geschwindigkeit gleich Null.

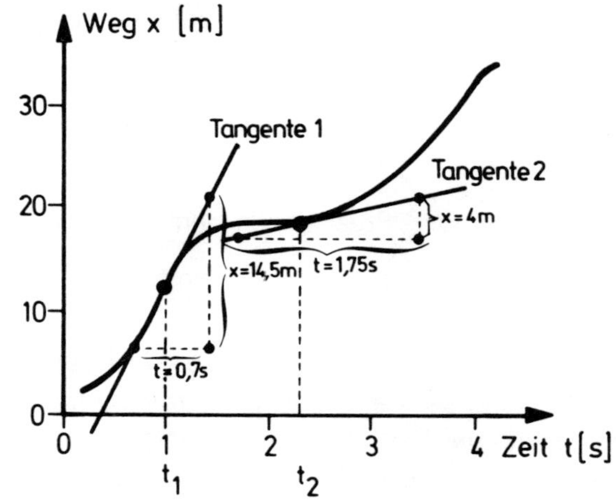

Abb. 11 Weg-Zeit-Diagramm: Momentangeschwindigkeit

Beschleunigung

Definition

> Die **Beschleunigung** ist das Verhältnis (Quotient) der Änderung der Geschwindigkeit und der dazu benötigten Zeit.
>
> $$\text{Beschleunigung} = \frac{\text{Geschwindigkeitsänderung}}{\text{benötigte Zeit}}$$
>
> Beschleunigung ist demnach nur gegeben bei einer Änderung der Geschwindigkeit. Bei konstanter Geschwindigkeit ist die Beschleunigung gleich Null.

Messung der Beschleunigung

Bezeichnen wir die Beschleunigung mit a, die Geschwindigkeit mit v und die Zeit mit t, dann gilt allgemein

$$a = \frac{v}{t}$$

Messen wir die Geschwindigkeit in $\frac{m}{s}$, die Zeit in Sekunden, dann ergibt sich als Einheit für die Beschleunigung

$$[a] = \frac{[v]}{[t]} = \frac{m/s}{s} = \frac{m}{s^2}$$

Die Beschleunigung ist ein Maß für die Geschwindigkeitsänderung. Je größer der Wert der Beschleunigung ist, desto größer ist die Geschwindigkeitsänderung in einer bestimmten Zeit.

Exkurs

> Eine wichtige **Beschleunigung** ist die Erdbeschleunigung, die im Schwerefeld der Erde auf alle Körper einwirkt und sie in Richtung Erdmittelpunkt beschleunigt. Die Erdbeschleunigung (Symbol: g) beträgt g = 9,81 m/s^2. Dieser Wert besagt, daß ein frei fallender Körper unter der Wirkung der Erdbeschleunigung seine Fallgeschwindigkeit um jeweils 9,81 m/s je Sekunde Falldauer erhöht. Läßt man einen ruhenden Körper fallen, dann hat er am Ende der ersten Sekunde eine Fallgeschwindigkeit von 9,81 m/s, am Ende der zweiten Sekunde eine Geschwindigkeit von 2 x 9,81 m/s = 19,62 m/s usw. (Dabei haben wir natürlich den Luftwiderstand vernachlässigt.)

Mit dem Beispiel der Erdbeschleunigung haben wir den Fall konstanter, d. h. gleichmäßiger Beschleunigung: In gleichen Zeiten werden gleiche Geschwindigkeitszuwachse erreicht.

Für die grafische Darstellung wählen wir jetzt das ***Geschwindigkeits-Zeit-Diagramm.*** Auf der vertikalen Achse wird die Geschwindigkeit, auf der horizontalen Achse die Zeit aufgetragen. Bei konstanter Beschleunigung ergibt sich für die Geschwindig-

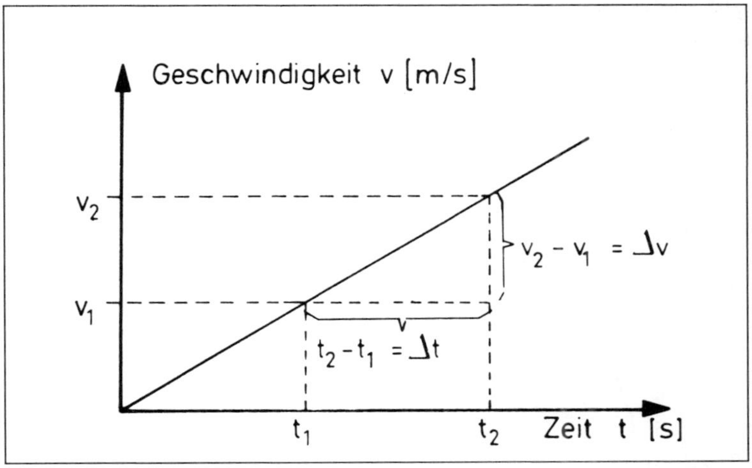

Abb. 12 Geschwindigkeits-Zeit-Diagramm: Konstante Beschleunigung

keit eine Gerade, deren Steigung durch die Beschleunigung gegeben ist. Bestimmen wir — wie in *Abb. 12* skizziert — die zwischen t_1 und t_2, also im Zeitintervall $\Delta t = t_2 - t_1$ erfolgte Geschwindigkeitsänderung, erhalten wir $\Delta v = v_2 - v_1$ und die Beschleunigung ergibt sich gemäß

$$a = \frac{v_2 - v_1}{t_2 - t_1} = \frac{\Delta v}{\Delta t}$$

Bei **gleichmäßig beschleunigter Bewegung** (a = konstant) ergibt sich für jedes Zeitintervall Δt der gleiche Geschwindigkeitszuwachs Δv. Wir können also schreiben

$$a = \frac{v}{t} \text{ oder } a = \frac{\Delta v}{\Delta t}$$

Beispiel: Geschwindigkeit eines Sprinters.

Zu $t_1 = 2$ s nach dem Start sei $v_1 = 6 \frac{m}{s}$,

zu $t_2 = 2{,}5$ s nach dem Start sei $v_2 = 7 \frac{m}{s}$.

Die Beschleunigung in diesem Abschnitt beträgt

$$a = \frac{v_2 - v_1}{t_2 - t_1} = \frac{7\ m/s - 6\ m/s}{2{,}5\ s - 2\ s} = 2\ \frac{m}{s^2}$$

Ungleichmäßige Beschleunigung bedeutet, die Beschleunigung ist veränderlich. Im Geschwindigkeits-Zeit-Diagramm ergibt sich eine Kurve, die im allgemeinen von der Geraden abweicht *(Abb. 13)*.

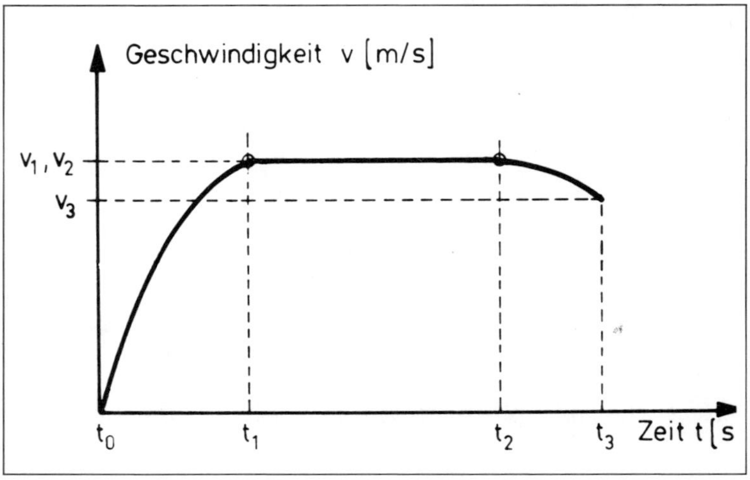

Abb. 13 Geschwindigkeits-Zeit-Diagramm: Ungleichmäßige Beschleunigung

Wenn wir an dieser Kurve — die übrigens die grobe Kennlinie eines Sprintlaufs darstellt — abschnittsweise die Beschleunigung ermitteln, dann ergeben sich unterschiedliche Werte:

Im Zeitintervall $\Delta t_1 = t_1 - t_0 : a_1 = \frac{v_1 - v_0}{t_1 - t_0} = \frac{\Delta v_1}{\Delta t_1}$

Wegen $v_0 = 0$ und $t_0 = 0$ wird $a_1 = \frac{v_1}{t_1}$

Im Zeitintervall $\Delta t_2 = t_2 - t_1 : a_2 = \frac{v_2 - v_1}{t_2 - t_1} = \frac{\Delta v_2}{\Delta t_2}$

Wegen $v_2 = v_1$ wird $a_2 = 0$

Im Zeitintervall $\Delta t_3 = t_3 - t_2 : a_3 = \frac{v_3 - v_2}{t_3 - t_2} = \frac{\Delta v_3}{\Delta t_3}$

Wegen $v_2 > v_3$ (lies: v_2 ist größer als v_3)
wird Δv_3 negativ, damit wird a_3 negativ.

Eine **negative Beschleunigung** bedeutet Geschwindigkeitsverlust, d. h. Verzögerung, Abbremsung.

Soeben haben wir abschnittsweise **mittlere Beschleunigungen** ermittelt. Im Unterschied dazu ist die **momentane Beschleunigung** zu einem bestimmten Zeitpunkt aus dem v-t-Diagramm in gleicher Weise wie die momentane Geschwindigkeit aus dem s-t-Diagramm zu bestimmen.

Man läßt in dem Ausdruck $a = \frac{\Delta x}{\Delta t}$ das Zeitintervall Δt gegen Null gehen und erhält dann:

$$a = \lim_{\Delta t \to 0} \frac{\Delta v}{\Delta t}$$

(lies: die Beschleunigung ist gleich dem Grenzwert des Ausdrucks $\frac{\Delta v}{\Delta t}$, wenn man Δt gegen Null streben läßt.)

Auch hier gibt es eine einfache grafische Ermittlung der Momentanbeschleunigung im Geschwindigkeits-Zeit-Diagramm: Im betrachteten Zeitpunkt legt man an die v-t-Kurve die Tangente. Die Steigung der Tangente, d. h. die Geschwindigkeitsänderung bezogen auf die entsprechende Zeitänderung gibt die momentane Beschleunigung an. Beispiel: In *Abb. 14* wird zum

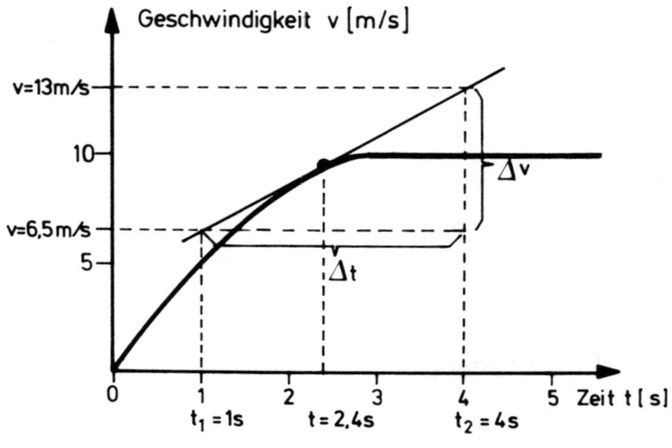

Abb. 14 Geschwindigkeits-Zeit-Diagramm: Momentane Beschleunigung

Zeitpunkt $t_1 = 2{,}4$ s die momentane Beschleunigung gesucht. Im dazugehörigen Punkt auf der v-t-Kurve wird die Tangente gezeichnet. Die (konstante) Steigung der Tangente wird durch zwei beliebige Wertepaare v—t auf der Geraden bestimmt.

z. B. bei $t_1 = 1$ s ist $v_1 = 6{,}5$ m/s; bei $t_2 = 4$ s ist $v_2 = 14$ m/s.

Aus $$\frac{v}{t} = \frac{14\ \text{m/s} - 6{,}5\ \text{m/s}}{4\ \text{s} - 1\ \text{s}} = \frac{7{,}5\ \text{m/s}}{3\ \text{s}} = 2{,}5\ \frac{\text{m}}{\text{s}^2}$$

ergibt sich der Wert der Beschleunigung zum Zeitpunkt

$t = 2{,}4$ s zu $a = 2{,}5\ \frac{\text{m}}{\text{s}^2}$.

Das Geschwindigkeits-Zeit-Diagramm zeigt allgemein die in bestimmten Zeiten erreichten Geschwindigkeiten. Je steiler die Kurve ist, desto größer ist der Geschwindigkeitszuwachs, d. h. die Beschleunigung. Verläuft die Kurve horizontal (Tangente parallel zur Zeitachse), dann ist die Beschleunigung gleich Null, die Geschwindigkeit ist konstant.

Aufgabe 1

Bitte beantworten Sie die folgenden Fragen:

1. *Was ist die Aufgabe der Kinematik?*

2. *Wie kann man Bewegung definieren?*

3. *Welche Bewegungsarten gibt es?*

4. *Wie nennt man eine Bewegung*
   a) mit konstanter Geschwindigkeit

   b) mit konstanter Beschleunigung?

5. *Wie ist die Geschwindigkeit definiert?*

6. *In welchen Einheiten wird sie gemessen?*

7. *Was ist der Unterschied zwischen mittlerer und Momentangeschwindigkeit?*

8. *Wie ist die Beschleunigung definiert?*

9. *In welchen Einheiten wird sie gemessen?*

10. *Wie kann man aus dem Geschwindigkeits-Zeit-Diagramm grafisch die Beschleunigung ermitteln?*

2.1.1.2 Kinematische Größen bei der Rotation (Drehbewegung)

Einführung

Neben Drehbewegungen des ganzen Körpers wie beim Salto oder bei der Pirouette, sind die Bewegungen benachbarter Körperteile zueinander im wesentlichen als Drehbewegungen anzusehen. Sieht man die Gelenke des menschlichen Körpers vereinfacht als Scharnier- bzw. Kugelgelenke an, dann sind die meisten Körperbewegungen aus reinen Drehbewegungen zusammengesetzt. Dies gilt sowohl für die Segmente der oberen und unteren Extremitäten als auch für die einzelnen Wirbelgelenke.

Problemstellung

Der Ortsveränderung eines Punktes (Körpers) bei der Translation entspricht bei der Drehbewegung z. B. die Lageänderung benachbarter, durch ein Gelenk miteinander verbundener Körperteile. Die gegenseitige Lage kann durch den ***Winkel*** zwischen den Längsachsen der Glieder beschrieben werden, die Lageänderung demnach durch die Änderung des Winkels in der Zeit.

Wissenschaftliche Grundlagen

Auch bei der Drehbewegung ist ein Bezugssystem erforderlich, hier eine Bezugsrichtung, gegen die die Lagewinkel gemessen werden. Dreht sich ein Körper im Raum, dann kann etwa die Lotrechte oder die Waagerechte als Bezugsrichtung gewählt werden. So ist z. B. die Rücklage eines Läufers beim Aufsetzen des Fußes durch den Winkel angebbar, den die Verbindungslinie Aufsetzpunkt — Körperschwerpunkt mit der Senkrechten bildet *(Abb. 15).*

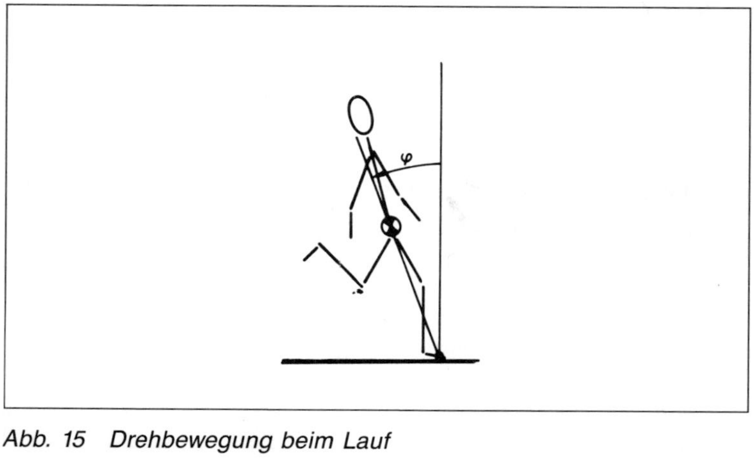

Abb. 15 Drehbewegung beim Lauf

Handelt es sich dagegen um Körperwinkel, also um den von zwei benachbarten Segmenten gebildeten Winkel, dann kann man einfach die Lage eines Segments als Bezugsrichtung auffassen und dagegen die Richtung des anderen Segments bestimmen.

In *Abb. 16* sind drei verschiedene Stellungen I bis III des Unterarms zum Oberarm eingetragen, die durch die Gelenkwinkel im Ellbogen $\varphi_1 = 180°$ (völlige Streckung), $\varphi_2 = 90°$ (rechter Winkel) und $\varphi_3 = 45°$ (starke Beugung) zahlenmäßig bestimmt wird.

Formelzeichen für Winkel sind meist griechische Buchstaben, z. B. φ (sprich: Phi), aber auch α (Alpha), β (Beta) und γ (Gamma). Die gebräuchlichste Einheit für den Winkel ist das ***Grad,*** Kurzzeichen °. In *Abb. 17* sind wichtige Winkel dargestellt.

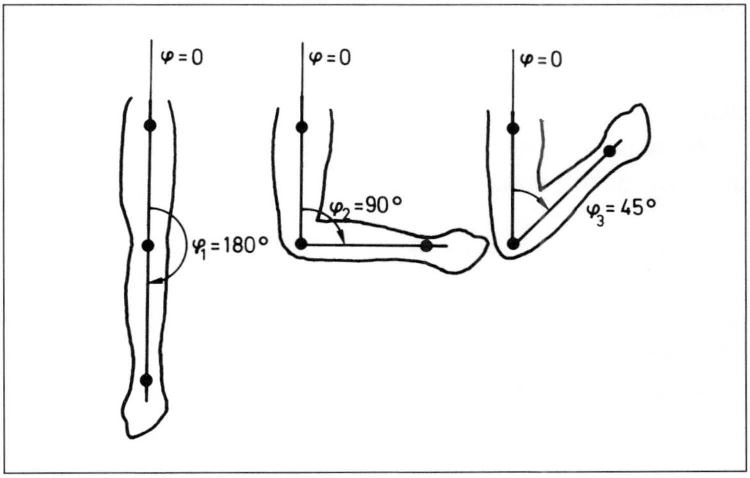

Abb. 16 Stellungen des Oberarms zum Unterarm

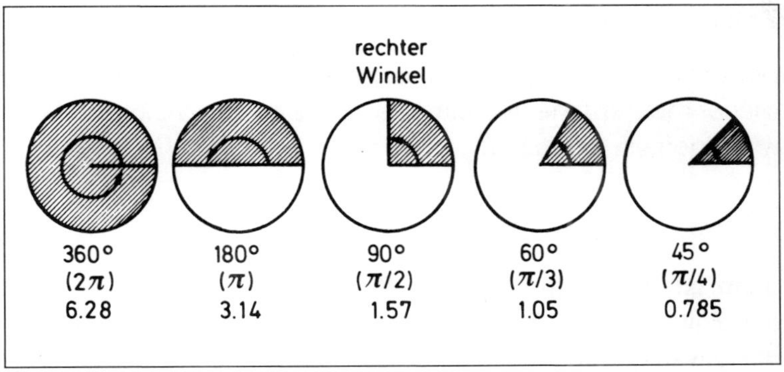

Abb. 17 Winkel und Winkelwerte

(Eine für formelmäßiges Rechnen zweckmäßigere Einheit des Winkels ist der ***Radiant,*** Kurzzeichen rad. 1 rad entspricht 57,3°. In *Abb. 17* sind die Winkelwerte in rad in Klammern eingetragen.)

Winkelgeschwindigkeit

Definition

> Die **Winkelgeschwindigkeit** ist das Verhältnis (der Quotient) des zurückgelegten Winkels und der dazu benötigten Zeit:
>
> $$\text{Winkelgeschwindigkeit} = \frac{\text{Winkeländerung}}{\text{benötigte Zeit}}$$

Bestimmung der Winkelgeschwindigkeit

Bezeichnen wir die Winkelgeschwindigkeit mit ω (sprich: Omega), den Drehwinkel mit φ, dann können wir wieder formelmäßig schreiben

$$\omega = \frac{\varphi}{t}$$

Wird z. B. der Unterarm in *Abb. 16* aus Haltung I in Haltung III im Zeitraum von 0,5 Sekunden mit konstanter Geschwindigkeit gebeugt, dann beträgt der

$$\text{Drehwinkel } \Delta\varphi = \varphi_3 - \varphi_1 = 45° - 180° = -135°$$

(Das negative Vorzeichen gibt die Beugung an; Streckung wäre hier positiv.)

Damit wird die Winkelgeschwindigkeit

$$\omega = \frac{\varphi}{t} = \frac{-135°}{0{,}5\ \text{s}} = -270°/\text{s}$$

Bei **konstanter Winkelgeschwindigkeit** werden in gleichen Zeiten gleiche Winkel überstrichen.

Bei **veränderlicher Winkelgeschwindigkeit** unterscheiden wir wieder **momentane** und **mittlere** Winkelgeschwindigkeit. Wenn wir allgemein schreiben

$$\overline{\omega} = \frac{\varphi_2 - \varphi_1}{t_2 - t_1} = \frac{\Delta\varphi}{\Delta t}$$

dann ist damit eine mittlere Winkelgeschwindigkeit während des Zeitintervalls Δt definiert. Je kleiner wir Δt werden lassen, desto weniger unterscheiden sich momentane und mittlere Geschwindigkeit.

Den zeitlichen Verlauf eines Winkels kann man im ***Winkel-Zeit-Diagramm*** veranschaulichen.

Beispiel

In *Abb. 18* ist beispielsweise der Verlauf des Kniegelenkwinkels eines Skispringers beim Absprung dargestellt. Der Winkel 180° entspricht der vollständigen Streckung im Kniegelenk, kleinere Werte geben den Beugewinkel zwischen Oberschenkel und Unterschenkel an. Wir erkennen in der Anfahrhaltung — vor dem Zeitpunkt t_1 — einen konstanten Beugewinkel von knapp 95°. Dieser wird ab t_1 zunächst etwas verkleinert, ab t_2 wieder vergrößert, und zwar so lange, bis die komplette Streckung im Kniegelenk erreicht ist. Was können wir an diesem Diagramm ablesen? Der Kniegelenkwinkel in der Anfahrhaltung beträgt

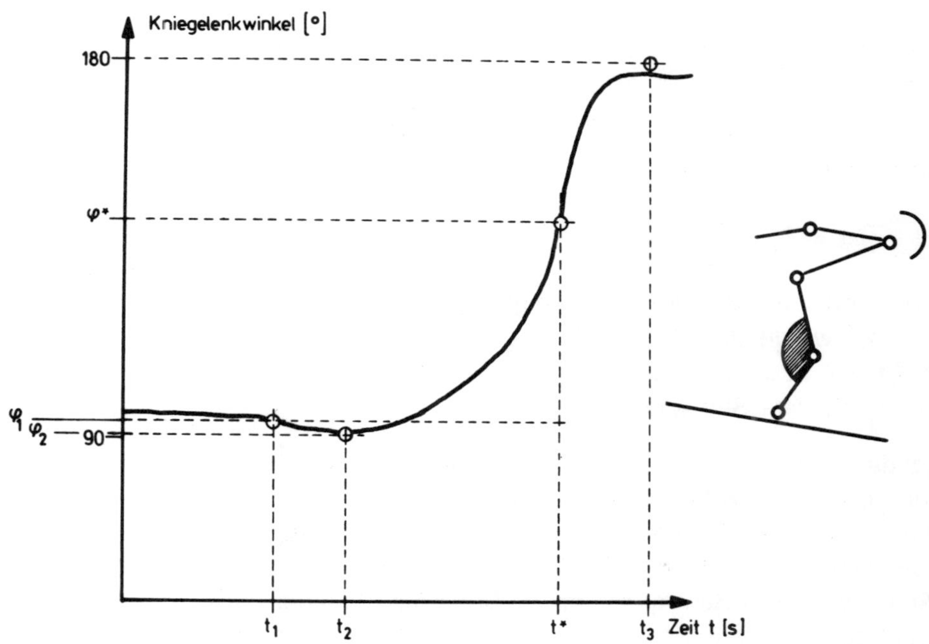

Abb. 18 Verlauf des Kniegelenkwinkels beim Skispringen

95°. In einer kurzen Ausholbewegung wird er auf ein Minimum von 90° verkleinert. Von t_2 bis t_3 erfolgt die Streckbewegung bis zum Kniegelenkwinkel von ca. 180°. Bei t* überquert der Springer die Schanzentischkante: der Kniegelenkwinkel in der Abflughaltung beträgt ca. 140°. Neben den Winkelwerten können wir auch die Dauer einzelner Bewegungsabschnitte angeben und Angaben zur Winkelgeschwindigkeit machen.

Der Beginn der beobachtbaren Aktion (= Beugung im Kniegelenk) liegt um $\Delta t^* = t^* - t_1$ vor dem Verlassen des Schanzentischs. $\Delta t^* = 0{,}3s$. Das ist die Dauer der Absprungstrecke auf dem Schanzentisch. Die Dauer der Ausholbewegung (Beugung beträgt $\Delta t_1 = t_2 - t_1$; in unserem Beispiel ist $\Delta t_1 = 0{,}1$ s. Damit bleiben für die Streckbewegung auf der Schanze noch $\Delta t_2 = t^* - t_2 = 0{,}2$ s.

Die mittlere Winkelgeschwindigkeit bei der Beugung beträgt

$$\overline{\omega}_B = \frac{\varphi_2 - \varphi_1}{t_2 - t_1} = \frac{90° - 95°}{0{,}1 \text{ s}} = -50°/\text{s}$$

(das negative Vorzeichen ergibt sich für die Beugung, die Verkleinerung des Kniegelenkwinkels).

Die mittlere Winkelgeschwindigkeit bei der Streckung auf dem Schanzentisch beträgt

$$\overline{\omega}_S = \frac{\varphi^* - \varphi_2}{t^* - t_2} = \frac{140° - 90°}{0{,}3 \text{ s}} = \frac{50°}{0{,}2 \text{ s}} = 250°/\text{s}$$

Die momentane Winkelgeschwindigkeit im Absprungzeitpunkt t* finden wir durch Anlegen der Tangente an die φ-t-Kurve. Sie ergibt sich zu $\omega^* = 1100°/s$, damit fast viereinhalbmal so hoch wie die mittlere Streckgeschwindigkeit.

Bei der Drehbewegung ist neben der Winkelgeschwindigkeit ω auch die ***Bahn- oder Umfangsgeschwindigkeit*** v_B definiert. Dies ist die Geschwindigkeit eines Körperpunktes auf einer Kreisbahn mit der Entfernung (Radius) r vom Drehmittelpunkt M *(Abb. 19)*. Bei der Bewegung um den Drehwinkel legt der Punkt P auf der Kreisbahn den Weg x_B zurück. Wenn wir den Drehwinkel in Radiant angeben, sind folgende Zusammenhänge der Bahngrößen mit den Rotationsgrößen gegeben:

$$x_B = \varphi \cdot r$$
$$v_B = \omega \cdot r$$

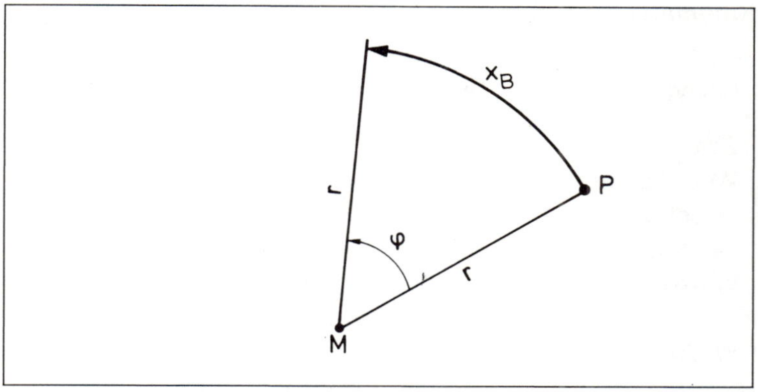

Abb. 19 Bahngeschwindigkeit

Beispiel

Beim Hammerwurf bewegt sich der Hammer (genauer: die Verbindungslinie Hammerkopf-Drehzentrum) mit ω = 3 Umdrehungen/Sekunde bei einem Radius von r = 1,40 m.

Dann ist $\omega = 3 \cdot 360°/s = 1080°/s$ (in Gradmaß)
oder $\omega = 3 \cdot 2\pi/s = 6\pi/s = 18{,}84/s$ (in Radiant).

Dann ergibt sich die Bahngeschwindigkeit des Hammers zu

$$v_B = r\,\omega = \frac{18{,}84}{s} \cdot 1{,}40\ m$$

$$v_B = 26{,}38\ {}^{m}/_{s} = 94{,}95\ km/h$$

Winkelbeschleunigung

Definition

Entsprechend zur Beschleunigung bei der Translation ist auch die Beschleunigung bei der Rotation definiert.
Die **Winkelbeschleunigung** ist die Änderung der Winkelgeschwindigkeit, bezogen auf die dazu benötigte Zeit

$$\text{Winkelbeschl.} = \frac{\text{Änderung der Winkelgeschwindigkeit}}{\text{benötigte Zeit}}$$

Mit α als Symbol für die Winkelbeschleunigung schreiben wir

$$\alpha = \frac{\Delta\omega}{\Delta t} = \frac{\omega_2 - \omega_1}{t_2 - t_1}$$

In der schon bekannten Weise unterscheiden und bestimmen wir die mittlere Winkelbeschleunigung $\bar{\alpha}$ und die momentane Winkelbeschleunigung α.

Kinematische Größen

Größe	Symbol	Einheit	Kurzzeichen
Zeit	t	Sekunde	s
Weg (Länge)	x, s	Meter	m
Geschwindigkeit	v	Meter/Sekunde	m/s
Beschleunigung	a	Meter Sekunde^2	m/s^2
Winkel		Grad	°
		Radiant	rad
Winkelgeschwindigkeit	ω	Grad/Sekunde	°/s
		Radiant/Sekunde	rad/s
Winkel-		Grad/Sekunde^2	°/s^2
beschleunigung	α	Radiant/Sekunde^2	rad/s^2

Aufgabe 2

Bitte beantworten Sie die folgenden Fragen:

1. Wie ist die Winkelgeschwindigkeit definiert?

2. In welchen Einheiten wird sie gemessen?

3. Wie ist die Winkelbeschleunigung definiert?

4. In welchen Einheiten wird sie gemessen?

5. Wie ist die Bahngeschwindigkeit definiert?

2.1.1.3 Zusammengesetzte Bewegungen

Einführung

Bisher haben wir bei der Translation nur die eindimensionale Bewegung auf einer geraden Linie betrachtet. Auch bei der Rotation haben wir in vereinfachender Weise nur die Winkelgrößen und ihre Veränderungen berücksichtigt, nicht aber den Umstand, daß etwa die Bahngeschwindigkeit stets tangential zur Bahnkurve gerichtet ist und damit auch ständig ihre Richtung ändert.

Problemstellung

Im allgemeinen sind Bewegungen dreidimensional und wir müssen daher auch die räumliche Orientierung der kinematischen Größen beachten: die ***Richtung.*** So genügt es z. B. nicht zu sagen, der Ball hat eine Geschwindigkeit von 20 m/s; es muß auch eine Aussage gemacht werden, in welcher Richtung der Ball fliegt oder rollt (z. B. bei der kurzen Ecke im Hockeyspiel). Auch beim Anlauf eines Hochspringers ist es von Wichtigkeit, auf welchem Wege er zur Absprungstelle läuft und in welcher Richtung die Geschwindigkeit seines Körperschwerpunkts zu Beginn der Stützphase weist und welche Veränderungen sie während der Stützphase erfährt. Die Stoßweite beim Kugelstoßen wird wesentlich auch von der Richtung der Kugel beim Abflug bestimmt.

Offensichtlich sind Weg, Geschwindigkeit und Beschleunigung Größen, die einen Richtungscharakter haben, d. h. ohne Angabe der Richtung nicht vollständig beschrieben sind. Solche gerichteten Größen nennt man vektorielle Größen oder ***Vektoren.***

Definition

> Ein **Vektor** ist durch drei Bestimmungsstücke (Angaben) charakterisiert: durch Betrag, Angriffspunkt und Richtung. Der Betrag stellt den Größenwert der Größe dar, bei der Geschwindigkeit z. B. die Angabe 6 m/s; Angriffspunkt und Richtung geben die Orientierung der Größe in einem entsprechenden Bezugssystem an.

Wissenschaftliche Grundlagen

Vektoren lassen sich durch einen Pfeil im Raum (dreidimensional) oder in der Ebene (zweidimensional) geometrisch veranschaulichen. Dabei stellt die Länge des Pfeils den Betrag des Vektors dar. Den Vektorcharakter einer Größe kann man durch besondere Schreibweise, z. B. Fettdruck oder Frakturbuchstaben kennzeichnen oder einfach durch einen Pfeil über dem üblichen Symbol: $\vec{x}$, $\vec{v}$, $\vec{a}$. Wir werden diese Schreibweise nur bei möglichen Mißverständnissen über die Richtung einer Größe anwenden.

In *Abb. 20* ist die Abfluggeschwindigkeit v_0 einer Kugel im Moment des Verlassens der Hand in der vertikalen Wurfebene als Vektorpfeil dargestellt. Die Länge des Pfeils stellt den Betrag der Geschwindigkeit dar (Angabe in m/s), die Richtung ist durch den Winkel φ_0 zwischen der Horizontalen und der Richtung der Geschwindigkeit gegeben; der Angriffspunkt, d. h. der Anfang

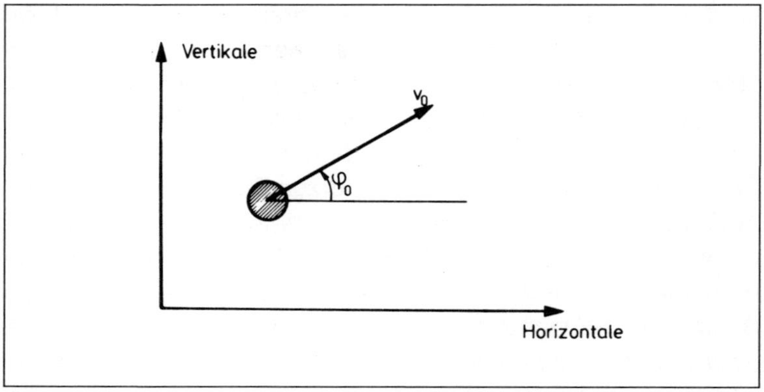

Abb. 20 Vektor

des Pfeils ist gegeben durch die Koordination des Abwurfpunktes in horizontaler und vertikaler Richtung.

Für das Rechnen mit Vektoren gibt es bestimmte Regeln, deren einfachste wir im folgenden unter Benutzung der geometrischen Darstellung behandeln wollen.

Zusammensetzung (Addition) von Vektoren

Addiert man zwei Vektoren, dann werden nicht arithmetisch die Beträge addiert, sondern geometrisch die Vektoren addiert. In *Abb. 21* ist die Addition von zwei Vektoren $\vec{A}$ und $\vec{B}$ gezeigt. Die Vektoren werden unter Beibehaltung ihrer Richtung einfach an-

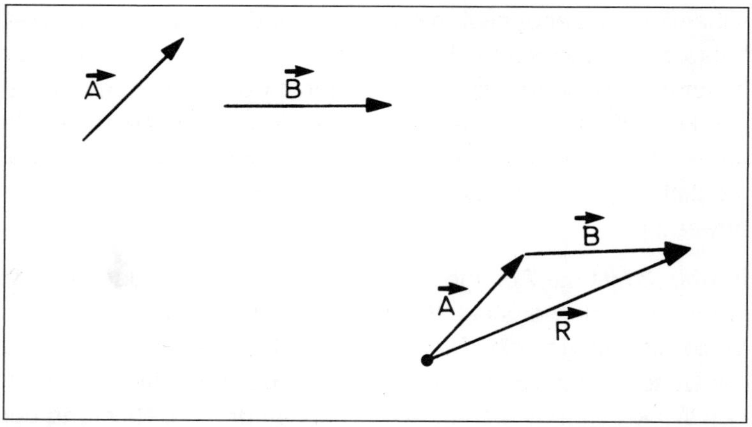

Abb. 21 Addition von zwei Vektoren

einandergereiht: an das Ende des ersten Vektors wird der Anfang des zweiten Vektors angesetzt. Das Ergebnis ist der resultierende Vektor $\vec{R}$, der Pfeil vom Anfang des ersten Vektors zum Endpunkt des zweiten Vektors. Dabei ist es gleichgültig, in welcher Reihenfolge die Vektoren aneinandergefügt werden. Auf diese Weise können beliebig viele Vektoren addiert werden. Das Ergebnis ist immer ein eindeutiger resultierender Vektor $\vec{R}$ *(Abb. 22).*

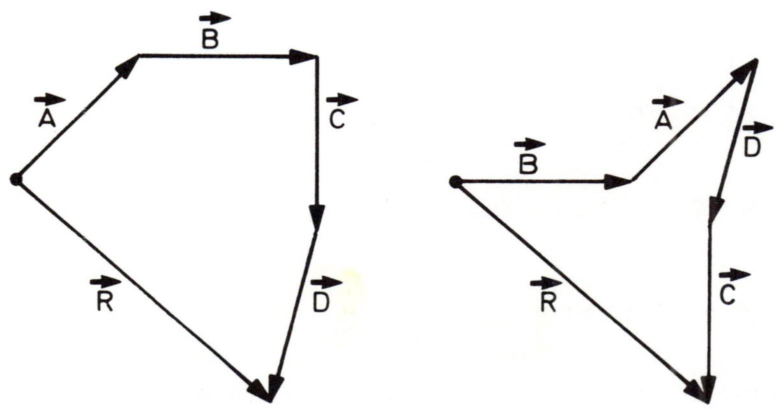

Abb. 22 Addition mehrerer Vektoren

Beispiel Ein Schwimmer schwimmt im rechten Winkel zum Ufer von einer Seite des Flusses auf die andere. Seine Schwimmgeschwindigkeit betrage v_S = 2 m/s. Der Fluß habe eine Geschwindigkeit von v_F = 4 m/s. Unter welchem Winkel zur Uferlinie bewegt sich der Schwimmer tatsächlich und mit welcher Geschwindigkeit? Wir können die Aufgabe grafisch, ohne zu rechnen, lösen: Wie in *Abb. 23* tragen wir senkrecht zur Uferlinie den Vektor der Schwimmgeschwindigkeit $\vec{v}_S$ auf. Als Maßstab für die Geschwindigkeit wählen wir 1 cm in der Zeichnung, entspricht einer Geschwindigkeit von 1 m/s. An das Ende von $\vec{v}_S$ fügen wir den Anfang von $\vec{v}_F$ an, parallel zur Uferlinie, im gleichen Maßstab. Die Verbindung vom Anfang des Vektors $\vec{v}_S$ zum Ende des Vektors $\vec{v}_F$ ergibt die resultierende Geschwindigkeit $\vec{v}_R$. Die Länge des Vektors $\vec{v}_R$ beträgt 4,5 cm, d. h. $\vec{v}_R$ = 4,5 m/s. Mit einem Winkelmesser lesen wir den Winkel φ_R = 27° ab. (Eine genaue Rechnung würde ergeben: $\vec{v}_R$ = 4,47 m/s; φ_R = 26,6°.)

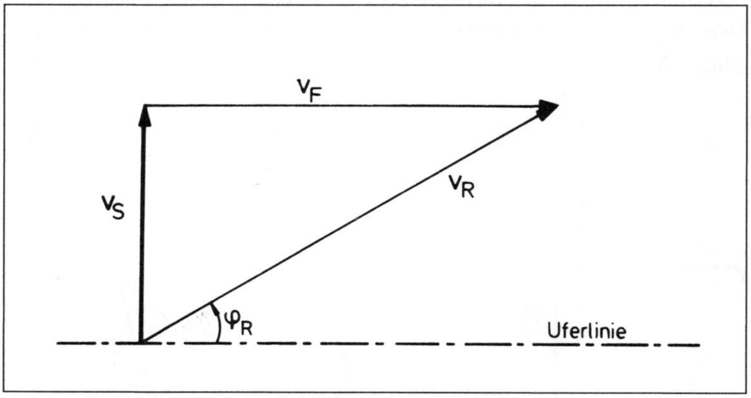

Abb. 23 Addition von Vektoren: Beispiel Schwimmen

Zerlegung von Vektoren in Komponenten

Häufig möchte man die umgekehrte Aufgabe lösen, nämlich einen beliebig gerichteten Vektor in einzelne Komponenten (Bestandteile) zerlegen, die in vielen Fällen aufeinander senkrecht stehen, allgemein aber beliebige Winkel einschließen können.

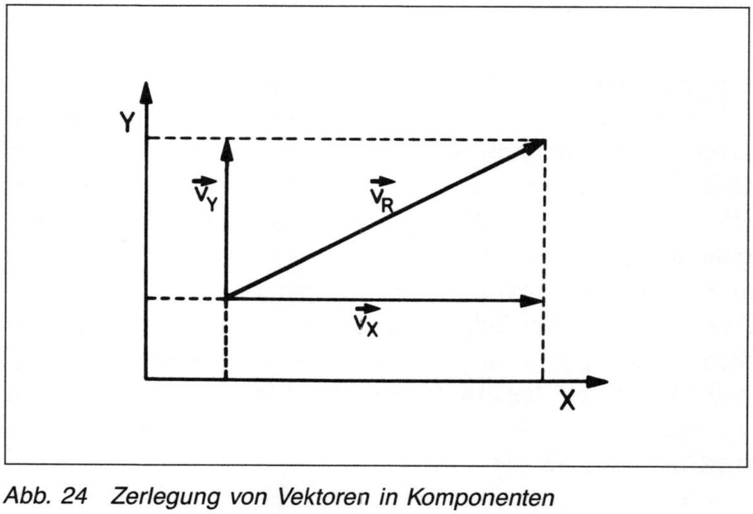

Abb. 24 Zerlegung von Vektoren in Komponenten

Im Falle des Schwimmens im Fluß sei jetzt nur die resultierende Geschwindigkeit $\vec{v}_R$ gegeben. Wir interessieren uns für die Komponenten in Strömungsrichtung des Flusses und die Senkrechte dazu, also die rechtwinkligen Komponenten des Vektors. Zu dieser Zerlegung geben wir — wie in *Abb. 24* — zunächst zwei zueinander senkrechte Richtungen vor, die hier mit der Strömungsrichtung (x-Komponente) bzw. mit der Schwimmrichtung (y-Komponente) zusammenfallen. Durch den Endpunkt vom $\vec{v}_R$ ziehen wir Parallelen zur x- bzw. y-Achse (gestrichelt). Die entsprechenden Parallelen durch den Anfangspunkt des Vektors liefern die beiden Komponenten $\vec{v}_x$ und $\vec{v}_y$ unmittelbar.

In unserem Beispiel ist die Vektorkomponente $\vec{v}_y$ senkrecht zur Strömungsrichtung (bzw. Uferlinie) allein dafür maßgebend, in welcher Zeit der Schwimmer ans andere Ufer gelangt. Die Komponente $\vec{v}_x$ in Strömungsrichtung hat keinen Einfluß auf diese Zeit, sie bewirkt lediglich, daß der Schwimmer das andere Ufer weiter flußabwärts erreicht.

Hinweis →

Die beiden rechtwinkligen Komponenten des Vektors sind voneinander unabhängig. Das ist eine wichtige Tatsache, von der häufig Gebrauch gemacht wird, z. B. bei der Zerlegung von Bewegungen und Kräften in horizontale und vertikale Anteile, die unabhängig voneinander betrachtet werden können.

Aufgabe 3

Bitte beantworten Sie wieder die folgenden Fragen.

1. Wie nennt man gerichtete Größen?

2. Welche Bestimmungsstücke gehören dazu?

3. Wie kann man grafisch einen Vektor darstellen?

4. Wie kann man zwei Vektoren addieren?

Man kann einen Vektor auch in Vektorkomponenten **beliebiger Richtung** zerlegen. Die allgemeine Vorgehensweise wird anhand von *Abb. 25* erläutert. Der Vektor $\vec{v}$ in der Ebene soll in die Vektorkomponenten $\vec{v}_a$ und $\vec{v}_b$ zerlegt werden, die in die Richtungen (a) und (b) weisen. Durch den Anfangspunkt von $\vec{v}$ werden die Geraden (a) und (b) gelegt. Dann werden durch die Endpunkte von v die Parallelen (a)' und (b)' gezogen. Die jeweiligen Schnittpunkte von (a) mit (b)' bzw. (b) mit (a)' sind die Endpunkte der Vektoren $\vec{v}_a$ und $\vec{v}_b$ (deren Anfang natürlich mit dem Anfangspunkt von $\vec{v}$ identisch ist).

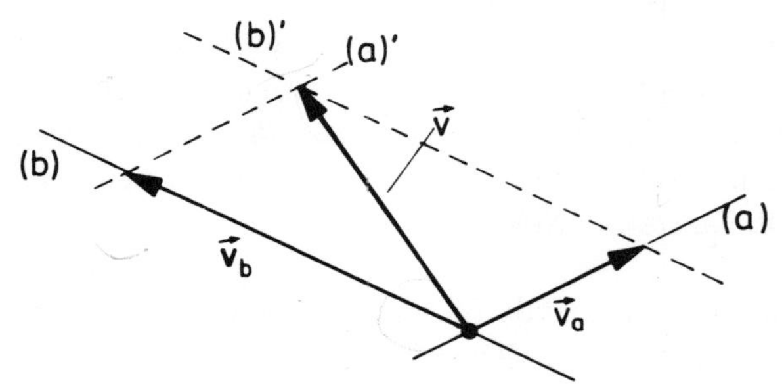

Abb. 25 Zerlegung von Vektoren in Komponenten beliebiger Richtung

Merksatz

Die Zerlegung eines Vektors ist in beliebig viele Richtungen möglich. Die Zusammensetzung von Vektoren dagegen ist stets eindeutig, führt also immer zum gleichen Resultat.

Merksatz

Da neben den kinematischen Größen auch dynamische Größen wie Kraft, Impuls, Drehimpuls vektorielle Größen sind, sind die hier erörterten Regeln auch in der Dynamik anwendbar.

2.1.1.4 Allgemeine Bewegungsgesetze

Problemstellung

Die Größen x (Weg), v (Geschwindigkeit) und a (Beschleunigung) sind gesetzmäßig bekannt, dann lassen sich die anderen beiden Größen daraus berechnen. Ist insbesondere die x-(t)-

Funktion bekannt, lassen sich v-(t)- und a-(t)-Funktion eindeutig als zeitliche Ableitungen bestimmen (denen grafisch die Tangentenkonstruktion entspricht). Ist die Funktion a (t) bekannt, dann lassen sich die Verläufe der Größen v (t) und x (t) ermitteln. Dies geschieht durch die ***Integration,*** der grafisch die Flächenermittlung zwischen Kurve und Zeitachse entspricht.

Absolute Werte für x und v können auf diesem Wege nur bei bekannten Anfangsbedingungen (Lage und Geschwindigkeit zu einem bestimmten Zeitpunkt) erhalten werden.

Beispiel

Am Beispiel eines Vertikalsprungs mit Ausholbewegung werden die gesetzmäßigen Zusammenhänge von Weg-Zeit-Funktion, Geschwindigkeits-Zeit-Funktion und Beschleunigungs-Zeit-Funktion dargestellt *(Abb. 26 a—c)* und diskutiert. Alle Funktionen beziehen sich auf den Körperschwerpunkt.

Im Weg-Zeit-Diagramm beginnt die Bewegung (fast unmerklich) aus dem aufrechten Stand (Körperschwerpunkthöhe x_0) zum Zeitpunkt t_0 nach unten. Bei t_1 ist mit x_{min} die tiefste Lage des Körperschwerpunkts erreicht, der Umkehrpunkt der Bewegung. Im Geschwindigkeits-Zeit-Diagramm ist zur Zeit t_1 die Geschwindigkeit $v = 0$ erreicht. Von t_1 bis t_2 wird der Körperschwerpunkt nach oben bewegt, bis im Abflugzeitpunkt t_2 die Abflughöhe x_{ab} erreicht ist.

Die Differenz $x_{ab} - x_{min}$ kann man als vertikalen Beschleunigungsweg ansehen. Auf der v-t-Kurve ist unmittelbar vor t_2 die maximale Körperschwerpunkt-Geschwindigkeit v_{max} nach oben erreicht, bei t_2 ist die leicht verringerte Abfluggeschwindigkeit v_{ab} eingetragen. Die anschließende Flugphase dauert von t_2 bis t_4. Dabei erreicht der Körperschwerpunkt seine maximale Flughöhe x_{max} bei t_3, in der Mitte der symmetrisch ablaufenden Flugphase.

Die Geschwindigkeit hat bei t_3, dem oberen Umkehrpunkt der Bewegung, natürlich den Wert $v = 0$. Bei t_4 beginnt die Landung mit der ersten Fußberührung am Boden; die Körperschwerpunkthöhe ist x_{auf}, bei dieser symmetrischen Ausführung praktisch gleich der Abflughöhe x_{ab}. Die Landegeschwindigkeit v_{auf} ist nach unten gerichtet und nimmt während der Landung noch ganz geringfügig zu.

Auf der a-t-Kurve können wir entsprechend entnehmen: Bei t_0 beginnt die Beschleunigung nach unten (Entlastung). Zwischen

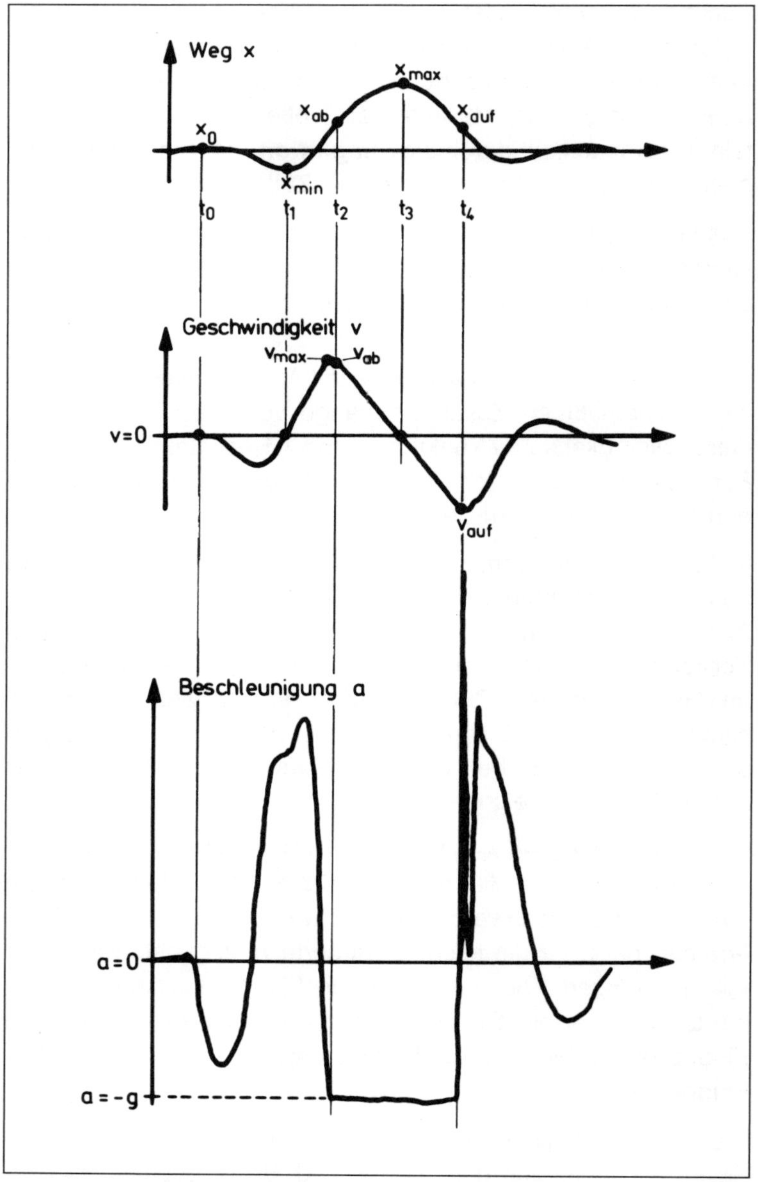

Abb. 26a—c Gesetzmäßige Zusammenhänge zwischen Weg-Zeit-Funktion, Geschwindigkeits-Zeit-Funktion und Beschleunigungs-Zeit-Funktion

t_0 und t_1, wenn die Abwärtsgeschwindigkeit ein Minimum erreicht hat, ist wiederum a = 0. Jetzt wird positiv beschleunigt, zunächst um die Abwärtsgeschwindigkeit abzubremsen (positiver zu machen), dann, ab t_1, von $v = 0$ an nach oben zu beschleunigen. Von t_2 bis t_4 ist die Flugphase, folgerichtig wirkt während dieser Zeit die konstante nach unten gerichtete Erdbeschleunigung $a = -g$. Zum Landezeitpunkt schnellt die Beschleunigung steil nach oben, bedingt durch das erste stoßartige Abbremsen der Fallbewegung.

Aufgabe 4

Jetzt sollten Sie folgende Fragen beantworten können:

1. *Durch welche Operation kann man aus der Weg-Zeit-Funktion eine Geschwindigkeits-Zeit-Funktion herleiten?*

2. *Durch welche Operation kann man aus der Beschleunigungs-Zeit-Funktion eine Geschwindigkeits-Zeit-Funktion herleiten?*

Jede dieser drei Kurven allein genügt, um die beiden anderen daraus zu berechnen. Bei der Berechnung in Richtung $x \rightarrow v \rightarrow a$ genügt die x-t-Kurve, bei der Berechnung in Richtung $a \rightarrow v \rightarrow x$ müssen sogenannte Anfangsbedingungen gegeben sein, z. B. die Werte für x_0 und v_0 am Anfang der Bewegung.

2.1.1.5 Spezielle Bewegungsgesetze

Einführung

Es gibt eine Reihe von Sonderfällen der Bewegung, die von grundsätzlicher Bedeutung sind und die darüber hinaus relativ einfache Zusammenhänge zwischen den kinematischen Größen aufweisen.

Der freie Fall

1. Gesetz

Fällt ein Körper im Schwerefeld der Erde ohne Luftwiderstand, dann unterliegt er nur der konstanten Erdbeschleunigung, führt also eine gleichmäßig beschleunigte Bewegung aus.

Wir können folgende Größen berechnen:

— die Geschwindigkeit v nach der Falldauer t
— die Geschwindigkeit v nach der Fallhöhe x
— den Fallweg x nach der Falldauer t

Ist g die Erdbeschleunigung, dann hat der Körper nach t Sekunden Falldauer die Fallgeschwindigkeit v erreicht:

$$v = g \cdot t$$

nach t Sekunden Falldauer die Fallhöhe x zurückgelegt:

$$x = {}^1\!/_2\, g \cdot t^2$$

nach einer Fallhöhe x die Fallgeschwindigkeit v erreicht:

$$v = \sqrt{2\,gx}$$

Zum Durchfallen der Höhe x die Fallzeit t benötigt:

$$t = \sqrt{\frac{2 \cdot x}{g}}$$

Beispiel

Ein Turmspringer zum Beispiel kann 10 m frei fallen. Wie lange dauert der Fall?

$$t = \sqrt{\frac{2x}{g}}$$

mit $x = 10$ m und $g = 9{,}81$ m/s^2 erhält man:

$$t = \sqrt{\frac{2 \cdot 10\,\mathrm{m}}{9{,}81\,\mathrm{m/s^2}}} = \sqrt{\frac{20}{9{,}81}\,s^2} = 1{,}43\ \mathrm{s}$$

Die Falldauer beträgt $t = 1{,}43$ s.

Mit welcher Geschwindigkeit taucht der Turmspringer ins Wasser?

$$v = \sqrt{2 \cdot g \cdot x}$$

$$v = \sqrt{2 \cdot 9{,}81\,\mathrm{m/s^2} \cdot 10\,\mathrm{m}} = \sqrt{196{,}2\,\mathrm{m^2/s^2}} = 14{,}0\,\mathrm{m/s}$$

Die Geschwindigkeit beträgt

$$v = 14{,}0\ \mathrm{m/s} = 50{,}4\ \mathrm{km/h}$$

Der senkrechte Wurf nach oben

2. Gesetz

Auch hier handelt es sich um eine gleichmäßig beschleunigte Bewegung, bei der die konstante Erdbeschleunigung wirkt. Im Unterschied zum freien Fall bewegt sich der Körper zunächst nach oben, da er eine nach oben gerichtete (positive) Abfluggeschwindigkeit v_0 aufweist. Durch die nach unten gerichtete (negative) Erdbeschleunigung g wird die Geschwindigkeit ständig vermindert, bis sie am oberen Umkehrpunkt (maximale Flughöhe x_{max}) gerade zu Null geworden ist. Von da an ist die Bewegung identisch mit dem freien Fall.

Ist v_0 die Anfangsgeschwindigkeit, dann hat der Körper nach einer Flugzeit t die Höhe x erreicht

$$x = v_0 \cdot t - {}^1/_2\, gt^2$$

und die Geschwindigkeit v

$$v = v_0 - g \cdot t$$

Die maximale Flughöhe x_{max} beträgt

$$x_{max} = \frac{v_0^2}{2\,g}$$

Bis zum Erreichen der maximalen Flughöhe x_{max} wird die Steigzeit t_s benötigt:

$$t_s = \frac{v_0}{g}$$

Ist insbesondere die Landehöhe gleich der Abflughöhe, dann ist die Dauer der Flugphase gegeben durch die Summe von Steigzeit t_s und Fallzeit t_F, die in diesem Falle gleich sind.

Die Flugdauer beträgt demnach

$$t = \frac{2\,v_0}{g}$$

Beispiel 1

Ein Hochspringer hat eine Abflughöhe des Körperschwerpunkts von $x_0 = 1{,}1$ m über dem Boden, die vertikale Komponente der Abfluggeschwindigkeit beträgt $v_0 = 4$ m/s.

Wie hoch ist die maximale Flughöhe über der Abflughöhe? Welche maximale Gesamthöhe erreicht der Körperschwerpunkt?

$$x_{max} = \frac{v_0^2}{2\,g}$$

$$x_{max} = \frac{16\ ^{m^2}/_{s^2}}{2 \cdot 9{,}81\ m/s^2} = 0{,}82\ m$$

Die maximale Flughöhe über der Abflughöhe beträgt x_{max} = 0,82 m.

Bei einer Abflughöhe von x_0 = 1,1 m ist die Gesamthöhe H gegeben durch

$$H = x_0 + x_{max} = 1{,}1\ m + 0{,}82\ m + 1{,}92\ m$$

Der Körperschwerpunkt erreicht eine Höhe von H = 1,92 m über dem Boden.

Beispiel 2

Ein Trampolinspringer fliegt mit v_0 = 8 m/s nach oben ab. Wie lange hat er Zeit, seine Drehungen auszuführen (bei gleicher Abflug- und Landehöhe)?

Die gesamte Flugdauer ist gegeben durch

$$t = \frac{2\,v_0}{g}$$

$$t = \frac{2 \cdot 8\ ^m/_s}{9{,}81\ m/s^2} = \frac{16}{9{,}81} = 1{,}63\ s$$

Die gesuchte Zeit beträgt 1,63 s.

Der schräge Wurf

3. Gesetz

Beim schrägen Wurf hat der Körper eine Anfangsgeschwindigkeit, die gegen die Horizontale nach oben geneigt ist. Die Bewegung hat die Form einer Parabel, sie verläuft in einer Ebene, die von der senkrechten und der horizontalen Wurfrichtung gebildet wird. Der schräge Wurf tritt bei sportlichen Bewegungen sehr häufig auf, in sehr anschaulicher Form z. B. beim Kugelstoßen. Grundsätzlich gelten jedoch die Gesetze des schrägen Wurfs für alle Flugphasen vom menschlichen Körper oder von Geräten, bei denen man den Luftwiderstand vernachlässigen kann. So etwa bei Sprüngen in vielen Disziplinen, in den Flugphasen beim Laufen.

Die Bewegung des schrägen (oder schiefen) Wurfs besteht aus zwei zueinander rechtwinkligen Translationen, der Bewegung in vertikaler Richtung und der Bewegung in horizontaler Richtung. Die vertikale Bewegung ist identisch mit dem senkrechten Wurf nach oben (gleichmäßig beschleunigte Bewegung), die horizontale Bewegung ist eine gleichförmige Bewegung (mit konstanter Geschwindigkeit). Die Flugbahn ist eine Parabel, die von der Abfluggeschwindigkeit v_0 und dem Abflugwinkel φ_0 abhängt, bei ungleicher Abflug- und Landehöhe auch noch von dieser Höhendifferenz h_0.

Wir stellen die Bewegung in dem x-y-Diagramm dar *(Abb. 27)*, dessen horizontale und vertikale Achse den Achsen der Bewegungsebene entsprechen. Abflug- und Landehöhe seien gleich. Die Abfluggeschwindigkeit v_0 bildet mit der Horizontale den Abflugwinkel φ_0. Wir können die Bewegung zerlegen in zwei voneinander unabhängige rechtwinklige Bewegungen in x- bzw. y-Richtung.

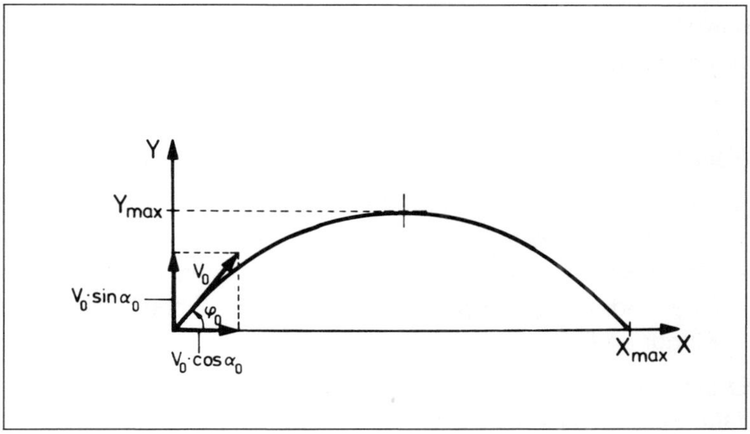

Abb. 27 Der schräge Wurf

Für einen beliebigen Punkt der Bewegungsbahn gilt:

$$x = v_0 \cdot t \cdot \cos\varphi_0$$

$$y = v_0 \cdot t \cdot \sin\varphi_0 - \frac{1}{2} gt^2$$

Daraus kann man den Zusammenhang zwischen x und y berechnen.

Die Funktion stellt eine Parabel dar und lautet:

$$y = x \cdot \tan\varphi_0 - \frac{g}{2\,v_0^2 \cos^2\varphi_0} \cdot x_2$$

Durch die Bedingung zu Beginn der Flugbahn, nämlich die Werte v_0 und φ_0 ist die Flugparabel eindeutig bestimmt und jeder beliebige Punkt auf ihr kann berechnet werden.

Die maximale Flughöhe y_{max} beträgt

$$y_{max} = \frac{v_0^2 \sin^2\varphi_0}{2\,g}$$

Die maximale Flugweite x_{max} beträgt

$$x_{max} = \frac{v_0^2 \sin^2\varphi_0}{g}$$

Für eine gegebene Anfangsgeschwindigkeit v_0 hängen Wurfweite und Wurfhöhe nur noch von Abflugwinkel φ_0 ab. So wird die maximale Höhe erreicht bei einem Abflugwinkel $\varphi_0 = 90°$ (das ist der senkrechte Wurf nach oben), die maximale Weite hingegen bei einem Abflugwinkel von 45°. Steilere oder flachere Abwurfwinkel führen zu einer geringeren Wurfweite. Die Flugdauer beträgt

$$t_F = \frac{2\,v_0 \sin\varphi_0}{g}$$

Weitere wichtige Kennzeichen dieser Bewegung sind:

— die horizontale Geschwindigkeit ist während der ganzen Flugphase konstant;

— die Flugdauer hängt nur von der maximalen Flughöhe ab. (Die Horizontalbewegung hat keinen Einfluß auf die Flugdauer!)

Erfolgt der Abwurf aus einer Höhe h_0 über der Landehöhe, dann wird die maximale Wurfweite nicht unter einem Abflugwinkel von 45° erreicht, sondern bei einem geringfügig flacheren Winkel. Der mechanisch optimale Winkel φ_{opt} zur Erreichung maximaler Weite berechnet sich gemäß

$$\cos(2\,\varphi_{opt}) = \frac{2 \cdot h_0 \cdot g}{v_0^2}$$

φ_{opt} hängt nur von h_0 und v_0 ab. Je größer v_0 und je kleiner h_0 ist, desto näher ist φ_{opt} an 45°.
Beispiele berechneter Wurf- und Sprungweiten bei entsprechenden Variationen von Abwurfgeschwindigkeit und Abwurfwinkel sind in *Abb. 28 a—d* dargestellt.

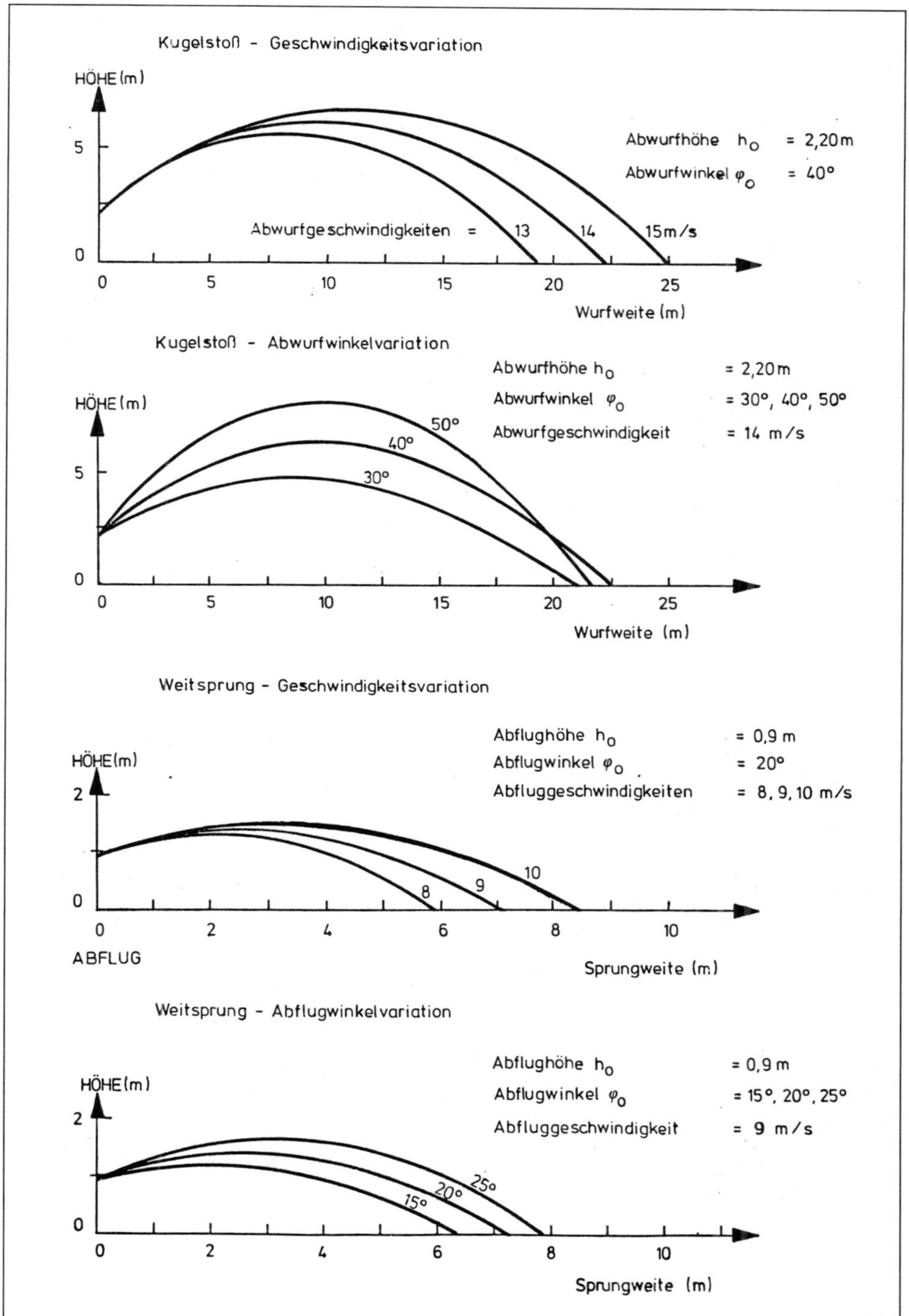

Abb. 28a—d Geschwindigkeitsvarianten

Aufgabe 5

Bitte beantworten Sie die folgenden Fragen:

1. *Welche Flugbahn beschreibt ein Körper, wenn man den Luftwiderstand vernachlässigt?*

2. *Von welchen Größen hängt die Flugbahn ab?*

3. *Beim schiefen Wurf hängt die Flugdauer ab*
   - ☐ *von der Flugweite*
   - ☐ *von der Flughöhe*
   - ☐ *von beiden*

4. *Von welchen Größen hängt der optimale Abwurfwinkel ab?*

   ☐ v_0 ☐ h_0 ☐ v_0 *und* h_0

2.1.2 Dynamik

Definition

Die **Dynamik** behandelt die Wirkung von Kräften auf Körper. Sie gliedert sich in Statik und Kinetik.

In der **Statik** werden die Bedingungen untersucht, unter denen Kräfte im Gleichgewicht sind, d. h. bei denen sich die betrachteten Körper im Zustand der Ruhe oder der gleichförmigen Bewegung (geradlinige Bewegung mit konstanter Geschwindigkeit) befinden. Die Körper werden nicht beschleunigt.

Die **Kinetik** befaßt sich mit dem Zusammenhang zwischen den einwirkenden Kräften und den (meist beschleunigten) Bewegungen der Körper.

Auswertung

Obgleich der Kraftbegriff von grundlegender Bedeutung für die Bewegung ist, läßt sich die ***Kraft*** letztlich nur aus ihren Wirkungen definieren. Unmittelbar „anschaulich" wird der Begriff Kraft durch unser Empfinden von Muskelkraft, das ***Muskelgefühl***. Leider ist dieses Empfinden kein verläßliches Meßinstrument für die Größe Kraft. Darüber hinaus sind die Wirkungen der Kraft — Verformung und Beschleunigung — der visuellen Beobachtung nicht in objektiver Weise zugänglich, insbesondere was das komplizierte Zusammenwirken vieler Kräfte bei der menschlichen Körperbewegung angeht.

Die Kraft wird definiert durch ihre

— verformende Wirkung und ihre
— beschleunigende Wirkung.

Die beschleunigende Wirkung der Kraft wird in der Kinetik untersucht. Die verformende Wirkung der Kraft wird grundsätzlich in der Statik fester Körper behandelt. Wir werden jedoch die Statik nur auf (idealisierte) starre Körper anwenden.

2.1.2.1 Statik

Wissenschaftliche Grundlagen

Wir betrachten auf einen starren Körper einwirkende Kräfte, die den Körper nicht beschleunigen. Die Kraft ist eine vektorielle Größe, die bestimmt ist durch Betrag, Angriffspunkt und Richtung. Sie wird dargestellt durch einen Pfeil, dessen Länge ein Maß für die Kraft ist. Die Pfeilrichtung gibt die Richtung der Kraft an. Man spricht auch von der ***Wirkungslinie der Kraft.*** Beim starren Körper kann man die Kräfte längs ihrer Wirkungslinie verschieben, ohne die mechanische Situation zu ändern.

Das Symbol für Kraft F. Ist die Richtung der Kraft zu beachten, schreiben wir $\vec{F}$. Die Einheit der Kraft ist Newton, Kurzzeichen N. Eine früher übliche Krafteinheit ist das Kilopond, Kurzzeichen kp. Es gilt die Umrechnung 1 N = 0,102 kp oder 1 kp = 9,81 N.

Wirken mehrere Kräfte auf einen Körper, dann können sie mit der geometrischen Addition auf eine resultierende Kraft zusammengefaßt werden. Dies geschieht, wie im vorigen Abschnitt beschrieben, durch Aneinanderreihen der einzelnen Kraftvektoren. Die resultierende Kraft wird durch den Vektor dargestellt, der vom Anfang des ersten zum Ende des letzten Vektors zeigt. Bei der Addition von Kräften nennt man diese Konstruktion ***Kraftеck.*** Das Zerlegen von Kräften in einzelne Komponenten erfolgt ebenfalls wie beschrieben.

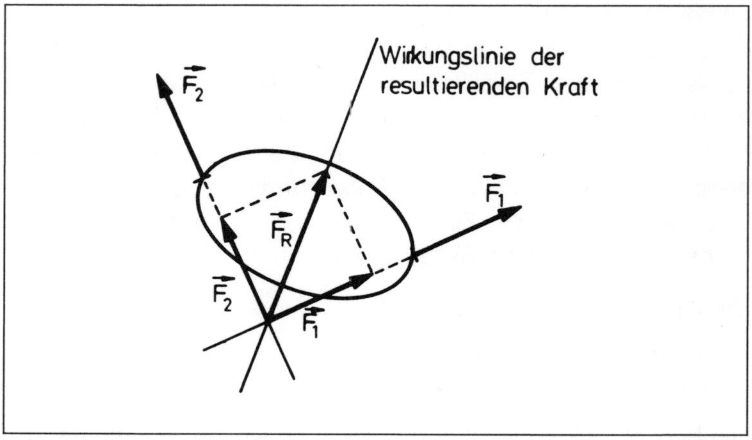

Abb. 29 Geometrische Addition mehrerer auf einen Körper wirkende Kräfte

Greifen Kräfte an verschiedenen Punkten des Körpers an, dann verschiebt man sie längs ihrer Wirkungslinie bis zum gemeinsamen Schnittpunkt und addiert sie dann geometrisch *(Abb. 29).*

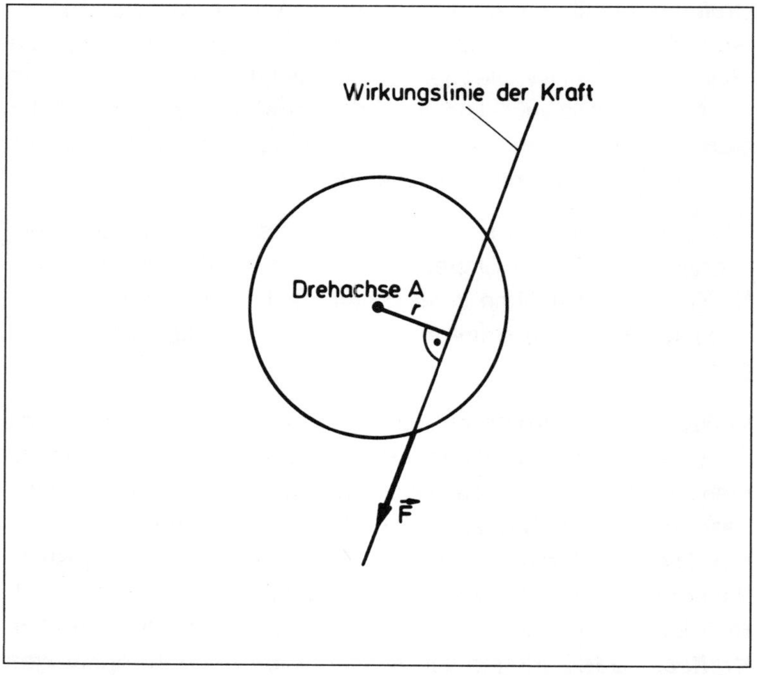

Abb. 30 Drehmoment

Das Drehmoment

Definition

> Wirkt eine Kraft F auf einen drehbaren Körper, dann erzeugt sie ein Drehmoment M.
>
> Das **Drehmoment** ist das Produkt der Kraft F und dem senkrechten Abstand r ihrer Wirkungslinie vom Drehpunkt (r = Hebelarm)
>
> $$M = F \cdot r$$

Bestimmung des Drehmoments

Den senkrechten Abstand r erhält man, wenn vom Drehpunkt (A) das Lot auf die Wirkungslinie der Kraft fällt *(Abb. 30).* (Das Zeichen ⊾ bedeutet: rechter Winkel.) Das Symbol für das Drehmoment ist M. Die Einheit ist Newton · Meter, Kurzform: Nm.

Der Begriff des Drehmoments ist wichtig für alle Drehbewegungen, insbesondere für das Verständnis der Anordnung und Wirkung der Muskeln am Bewegungsapparat. Ein Skelettmuskel kann nur dann ein Drehmoment im Gelenk ausüben, wenn die Wirkungslinie seiner resultierenden Zugkraft nicht durch die Gelenkmitte, sondern in einem Abstand zu diesem Drehpunkt verläuft. Dieser Abstand wird Hebelarm des Muskels genannt. Das Drehmoment einer bestimmten Muskelkraft ist um so höher, je größer der Hebelarm des Muskels ist.

Drehmomente lassen sich addieren. Wirken auf einen Körper mehrere Drehmomente, dann ergibt sich das resultierende Drehmoment als Summe der einzelnen Drehmomente. Dabei werden im Gegenuhrzeigersinn wirkende (linksdrehende Mo-

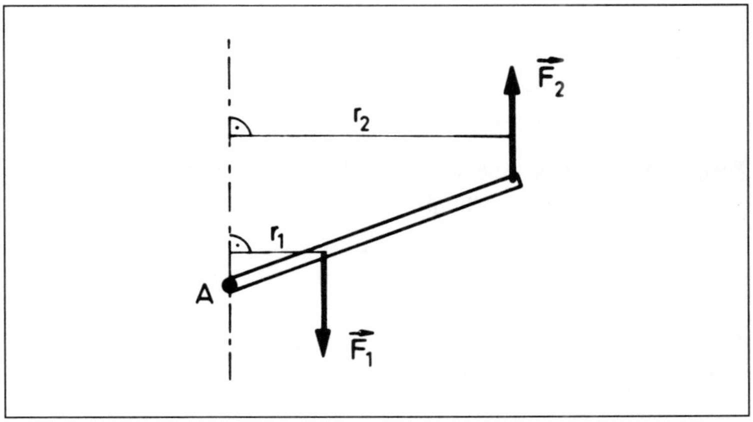

Abb. 31 Addition von Drehmomenten

mente) positiv bezeichnet, im Uhrzeigersinn wirkende (rechtsdrehende) negativ.

Beispiel

An einem um A drehbaren Hebel *(Abb. 31)* wirken die Kräfte $\vec{F}_1$ und $\vec{F}_2$. Mit den jeweiligen Hebelarmen r_1 und r_2 ergeben sich die Drehmomente $\vec{M}_1 = \vec{F} \cdot r_1$ und $\vec{M}_2 = \vec{F}_2 \cdot r_2 \cdot \vec{M}_1$ wirkt im Uhrzeigersinn, ist also negativ, $\vec{M}_2$ dagegen positiv.

Das gesamte Drehmoment ergibt sich als Summe der beiden Momente

$$\vec{M} = \vec{M}_1 + \vec{M}_2$$

Da $\vec{M}_2$ positiv und größer als $\vec{M}_1$ ist, ergibt sich hier ein positives Gesamtmoment: Der Hebel würde im Gegenuhrzeigersinn gedreht werden.

Gleichgewichtsbedingungen

Aufstellung der Gleichgewichtsbedingungen

Nachdem die auf einen Körper wirkenden Kräfte und Momente definiert sind, können die Bedingungen angegeben werden, unter denen sich Körper im Gleichgewicht befinden.

Kräfte können eine Translation, ***Momente*** eine Rotation des Körpers bewirken. Beide Bewegungen dürfen im Gleichgewicht nicht hervorgerufen werden, d. h. es muß gelten:

1. die Summe aller Kräfte ist gleich Null und
2. die Summe aller Momente ist gleich Null.

Numerieren wir die Kräfte und Momente fortlaufend durch, dann lauten die Gleichgewichtsbedingungen formelmäßig

$$\vec{F}_1 + \vec{F}_2 + \ldots + \vec{F}_m = 0 \text{ oder } \sum_{i=1}^{m} \vec{F}_i = 0\text{*) und}$$

$$\vec{M}_1 + \vec{M}_2 + \ldots + \vec{M}_n = 0 \text{ oder } \sum_{j=1}^{n} \vec{M}_j = 0$$

Zerlegt man in der xy-Ebene die Kräfte in ihre Komponenten F_x (horizontal) und F_y (vertikal), dann gilt

$$\Sigma F_x = 0$$

$$\Sigma F_y = 0$$

d. h. im Gleichgewicht müssen die Summen der Kräfte auch komponentenweise gleich Null sein.

*) Das Zeichen Σ (Sigma) heißt: Summe über alle . . .

Beispiel 1 *(Abb. 32):* Am Schwerpunkt des menschlichen Körpers greift die nach unten gerichtete Gewichtskraft an. Die Gegenkraft (Bodenreaktionskraft) ist von gleicher Größe, wirkt in der gleichen Wirkungslinie, aber in entgegengesetzter Richtung. Die Summe der beiden Kräfte ist gleich Null

$$\vec{F}_B + \vec{F}_G = 0.$$

Der Körper bleibt in Ruhe.

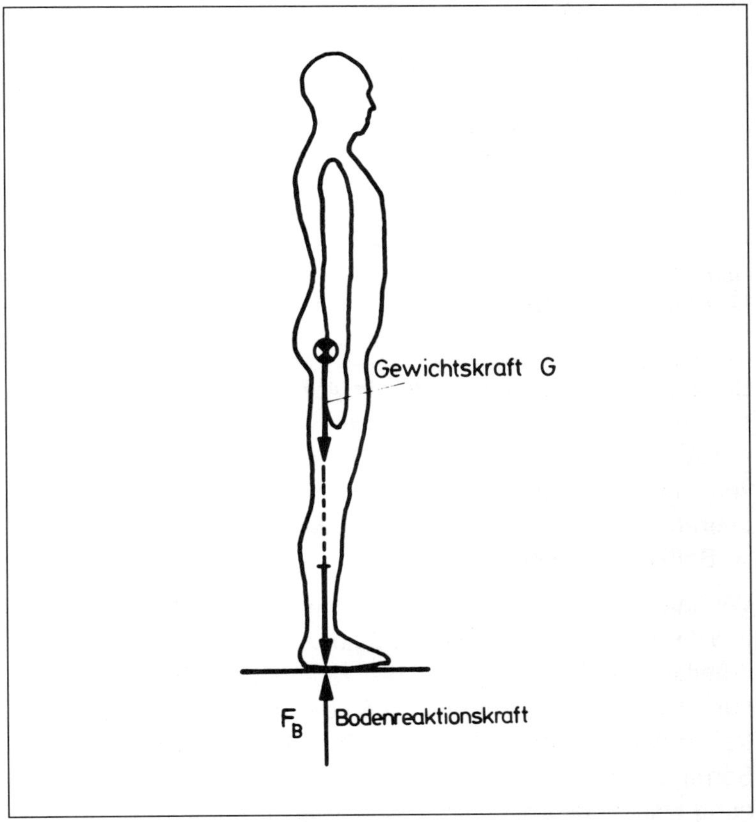

Abb. 32 Gleichgewichtsbedingungen 1

Beispiel 2 *(Abb. 33):* Beim Bogenspannen wird durch die Hand eine Kraft $\vec{F}_H$ auf die Sehne ausgeübt. In der symmetrisch angespannten Bogensehne treten die Zugkräfte $\vec{F}_{S1}$ und $\vec{F}_{S2}$ auf. Ihre Addition ergibt die Kraft $\vec{F}_S$, die gleich groß und entgegengerichtet zu $\vec{F}_H$ das System im Gleichgewicht hält.

$$\vec{F} + \vec{F}_H = 0$$

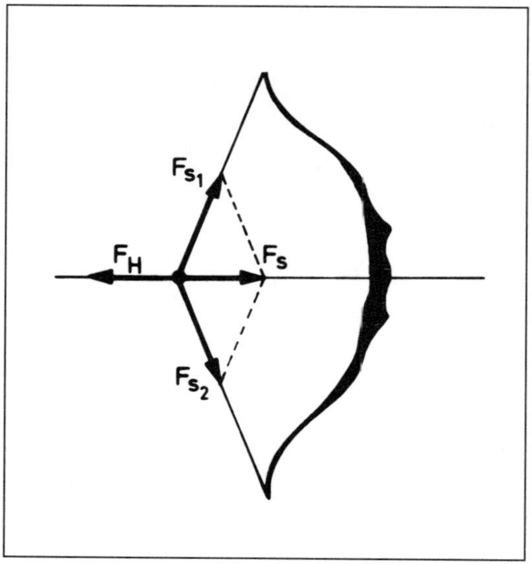

Abb. 33
Gleichgewichtsbedingungen 2

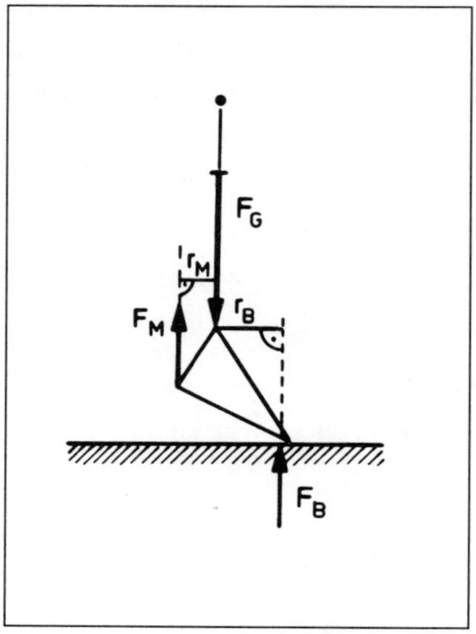

Abb. 34
Gleichgewichtsbedingungen 3

Beispiel 3: Wir betrachten den in *Abb. 34* schematisch dargestellten einbeinigen Zehenstand und interessieren uns für die auf den Fuß wirkenden Kräfte im Gleichgewicht. Vereinfacht wirken alle Kräfte nur in vertikaler Richtung. F_G = Gelenkkraft im oberen Sprunggelenk, F_M = Muskelkraft der Fußstrecker, F_B = Bodenreaktionskraft.

Wir nehmen an (man kann das auch mit dem EMG überprüfen), daß die Fußbeuger (die Gegenzügler zu den Fußstreckern) nicht arbeiten, also keine Kraft und kein Moment ausüben. Wir fragen nun: welche Muskelkraft F_M muß über die Achillessehne übertragen werden und mit welcher Druckkraft F_G wird das obere Sprunggelenk belastet, wenn in diesem Gelenk keine Bewegung stattfinden soll, also Gleichgewicht herrscht?

Die Bedingungen für das Gleichgewicht lauten

(1) $\Sigma F = 0$ und
(2) $\Sigma M = 0$

Ohne etwas über die Richtung der Kräfte vorwegzunehmen, ergibt sich für das Kräftegleichgewicht:

$$F_M + F_G + F_B = 0 \quad (1)$$

Für das Gleichgewicht der Drehmomente bezüglich der Drehachse oberes Sprunggelenk erhalten wir:

$$F_M \cdot r_M - F_B \cdot r_B = 0 \quad (2)^{*)}$$

Die Kraft F_G hat kein Moment bezüglich des oberen Sprunggelenks, da sie durch die Gelenkmitte geht und somit keinen Hebelarm hat.

Die Momentgleichung (2) können wir umstellen

$$F_M \cdot r_M = F_B \cdot r_B$$

und erhalten schließlich $F_M = \frac{r_B}{r_M} \cdot F_B$

Die Hebelarme lassen sich messen, ebenso die Bodenreaktionskraft F_B. Damit können wir die Muskelkraft F_M berechnen. Das errechnete F_M setzen wir nun in Gleichung (1) ein und erhalten:

$$\frac{r_B}{r_M} \cdot F_B + F_G + F_B = 0$$

daraus wird $F_B (1 + \frac{r_B}{r_M}) + F_G = 0$

und schließlich $F_G = - F_B (1 + \frac{r_B}{r_M})$

Damit ist auch die Gelenkkraft F_G berechnet. Dafür können wir auch schreiben:

$$F_G = - (F_B + F_M)$$

Die Gelenkkraft ist die Summe von Muskelkraft und Bodenreaktionskraft. Sie ist stets größer als die Muskelkraft. (Das Minuszeichen steht für die negative Kraftrichtung von F_G.)

Führen wir die Berechnungen zahlenmäßig mit folgenden Meßwerten durch:
F_B = G (Gewichtskraft),
r_M = 4 cm
r_B = 12 cm

dann erhalten wir für die Muskelkraft:

$$F_M = \frac{12 \text{ cm}}{4 \text{ cm}} \cdot G = 3 \cdot G$$

*) Das Minuszeichen können wir setzen, da die Momente im Gleichgewicht verschiedene Vorzeichen haben müssen.

Die erforderliche Muskelkraft ist dem Betrag nach gleich dem dreifachen der Gewichtskraft.

Und für die Gelenkkraft: $F_G = G + 3\,G = 4\,G$

Die Gelenkkraft ist dem Betrag nach gleich dem vierfachen der Gewichtskraft.

Wie man sieht, bestimmt die von außen auf den Körper einwirkende Kraft nicht **allein** die inneren Kräfte in Muskeln, Sehnen und Gelenken. Die inneren Kräfte sind wohl proportional zur äußeren Kraft, werden aber in ihrer Größe durch die geometrischen Bedingungen stark beeinflußt.

Hinweis ⟵

Dieses Beispiel ist äußerst wichtig, da es die grundsätzliche Vorgehensweise bei der Ermittlung von inneren Kräften — u. a. Muskel- und Gelenkkräfte — erläutert. Diese wird auch bei dynamischen Bewegungen, d. h. bei schnell veränderlichen Kräften angewandt. Ohne die hier gemachten Annahmen und grundlegenden Messungen ist keine wissenschaftlich haltbare, realistische Aussage über Muskelkräfte möglich. Muskelkräfte können nur biomechanisch bestimmt werden. Das ist eine der wesentlichen Aussagen der Biomechanik.

Schwerpunkt

Betrachtung des Schwerpunktes

Im Schwerefeld der Erde ist jeder Körper der Schwerkraft unterworfen. Diese greift an jedem Masseteilchen des Körpers an, d. h. viele kleine Kräfte mit gleicher Richtung — nämlich senkrecht nach unten — und unterschiedlichen Angriffspunkten wirken auf den Körper ein. Die Erfahrung lehrt uns, daß wir einen Körper durch eine an einer bestimmten Stelle wirkende Gegenkraft im Gleichgewicht halten können *(Abb. 35)*. Diese Gegenkraft entspricht der Gewichtskraft des Körpers und kompensiert offensichtlich alle angreifenden Einzelkräfte. Der Punkt, in dem wir die Gewichtskraft durch eine einzige Gegenkraft ausgleichen können, heißt Schwerpunkt oder ***Massenmittelpunkt des Körpers.***

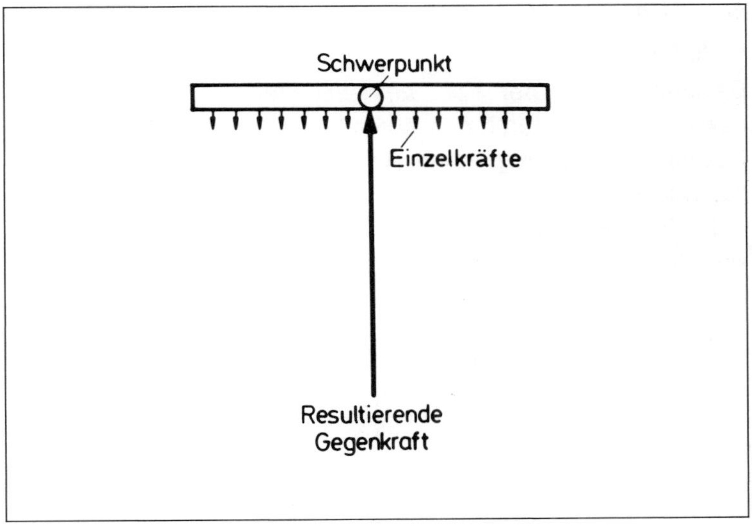

Abb. 35 Schwerpunkt

Der Schwerpunkt ist so definiert, daß man sich in ihm die gesamte Masse des Körpers vereinigt denken kann und der sich so bewegt, als wenn alle von außen auf den Körper einwirkenden Kräfte im Schwerpunkt angreifen würden. Insbesondere greift im Schwerpunkt die Gewichtskraft an.

Für einen starren Körper hat der Schwerpunkt körperbezogen eine feste Lage, für gelenkig miteinander verbundene Körper ergibt sich der Gesamtschwerpunkt in Abhängigkeit von der jeweiligen Lage der einzelnen Körper zueinander. Für den menschlichen Körper, den wir uns aus starren Einzelgelenken zusammengesetzt denken, gilt: der Körperschwerpunkt (KSP) hat keine anatomisch fixierbare Lage, er ist bestimmt durch die jeweilige Körperhaltung, wobei sämtliche Teile des Körpers mit ihren jeweiligen Teilschwerpunkten eine Rolle spielen. Insbesondere kann der Körperschwerpunkt auch außerhalb des Körpers liegen.

Gleichgewicht und Standsicherheit

Betrachtung von Gleichgewicht und Standsicherheit

Ein Körper befindet sich solange im stabilen Gleichgewicht, wie das Lot durch seinen Schwerpunkt innerhalb der Unterstützungsfläche des Körpers liegt. Will man einen Körper aus dem stabilen Gleichgewicht bringen, dann versucht man, beispielsweise durch Kippen um einen Drehpunkt, die Senkrechte durch den Schwerpunkt außerhalb der Unterstützungsfläche zu bringen.

Beispiel: Der Quader *(Abb. 36)* befindet sich im stabilen Gleichgewicht, das Lot durch den KSP, identisch mit der Richtung der Gewichtskraft G, liegt innerhalb der Unterstützungsfläche (Abstand a von der Kippkante). Durch eine Kraft F, die in der Höhe h des Schwerpunktes über der Grundfläche angreift, kann man versuchen, den Körper zu kippen.

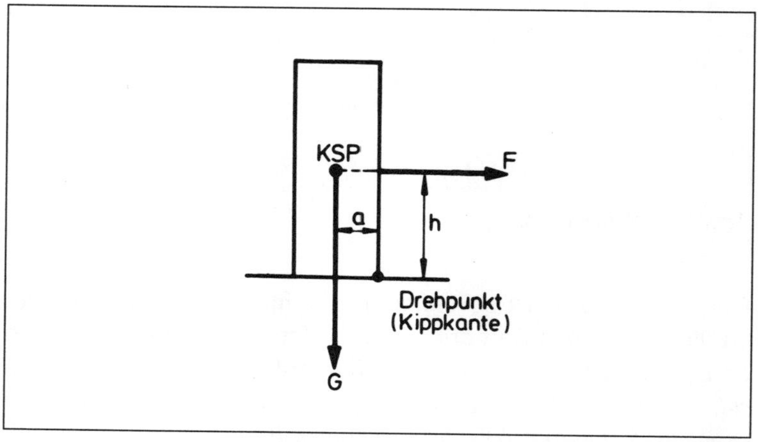

Abb. 36 Kippen eines Körpers aus dem Gleichgewicht

Die Kraft, die ausreicht, um den Körper um die Kippkante aus der stabilen in eine labile Gleichgewichtslage zu drehen, ist gegeben durch:

$$F > \frac{a}{h} \cdot G$$

Die Standfestigkeit eines Körpers ist demnach um so größer, je größer das Gewicht G ist, je tiefer der Schwerpunkt KSP liegt und je größer der Abstand a des Lotes durch den Schwerpunkt von der Kippkante ist.

Aufgabe 6

Bitte beantworten Sie die folgenden Fragen:

1. *Welches ist die Aufgabe der Dynamik?*
2. *Wie kann man Kraft definieren?*
3. *In welcher Einheit wird die Kraft gemessen?*
4. *Welches ist die Aufgabe der Statik?*
5. *Wie ist das Drehmoment definiert?*
6. *In welchen Einheiten wird es gemessen?*
7. *Was versteht man unter dem Hebelarm eines Muskels?*
8. *Wie lauten die Gleichgewichtsbedingungen?*
9. *Welche Messungen sind notwendig zur Bestimmung der Muskelkraft?*
10. *Wie ist der Schwerpunkt definiert?*
11. *Von was hängt die Lage des Körperschwerpunktes ab?*
12. *Von welchen Größen hängt die Standsicherheit eines Körpers ab?*

2.1.2.2 Kinetik

Die Kinetik untersucht den Zusammenhang zwischen den auf Körper einwirkenden Kräften (= Bewegungsursache) und den daraus resultierenden Bewegungen. An den Anfang stellen wir die ***Newtonschen Gesetze (Axiome),*** die Grundprinzipien der klassischen Mechanik. Diese Axiome stellen Gesetzmäßigkeiten dar, denen alle Körper unterworfen sind und deren korrekte Anwendung auf den menschlichen Körper und seine Bewegung die wesentliche Grundlage der Biomechanik darstellt. **Einführung**

1. Newtonsches Gesetz (Trägheitsgesetz)

Jeder Körper verbleibt in seinem Zustand der Ruhe oder der gleichförmig geradlinigen Bewegung, solange er nicht durch äußere Kräfte gezwungen wird, seinen Bewegungszustand zu ändern. **1. Newtonsches Gesetz**

Dieses Gesetz bezieht sich auf die Trägheit, das Beharrungsvermögen von Körpern. Es besagt rein qualitativ, daß zur Änderung des Bewegungszustandes eines Körpers, also zur Änderung seiner Geschwindigkeit (nach Betrag und/oder Richtung) eine Kraft auf den Körper einwirken muß.

2. Newtonsches Gesetz (Aktionsgesetz, Dynamisches Grundgesetz, Grundgesetz der Mechanik)

Die Änderung des Bewegungszustandes ist der einwirkenden Kraft proportional und geschieht längs derjenigen Linie, in der die Kraft wirkt. **2. Newtonsches Gesetz**

$$\vec{F} = m \cdot \vec{a}$$

Die Kraft ist proportional der Beschleunigung. Der Proportionalitätsfaktor m ist die Masse des Körpers. Dieses Gesetz ist von grundlegender Bedeutung. Es quantifiziert die Aussage des 1. Gesetzes. Damit wird die Kraft durch ihre beschleunigende Wirkung definiert. Mit diesem Gesetz wird außerdem der Zusammenhang zwischen den kinematischen Größen und den dynamischen Größen hergestellt.

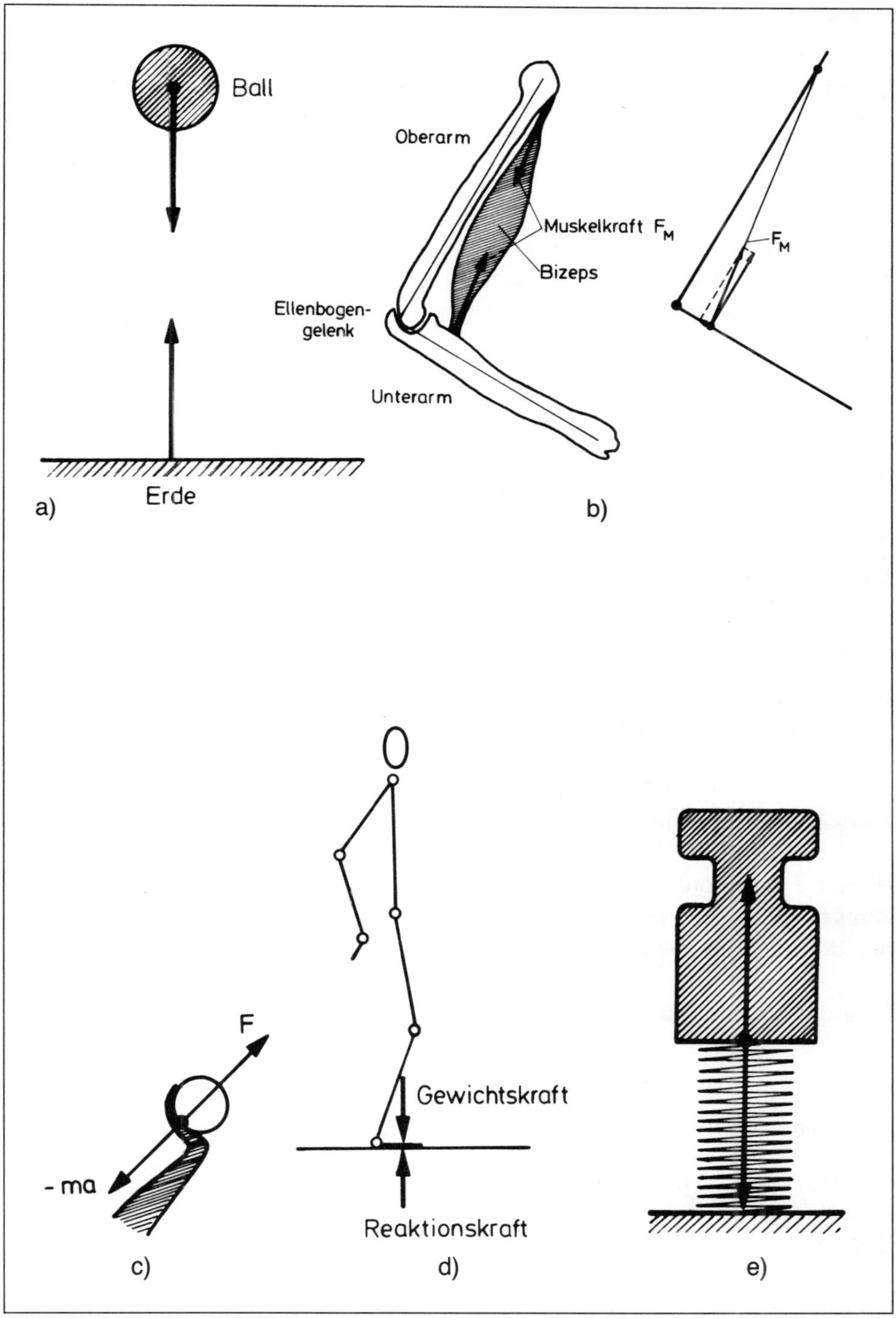

Abb. 37a—e: Die Newtonschen Gesetze an Beispielen

3. Newtonsches Gesetz (Reaktionsgesetz; Actio = Reactio)

3. Newtonsches Gesetz

Die von zwei Körpern aufeinander ausgeübten Wirkungen (Kräfte und Momente) sind stets gleich groß und von entgegengesetzter Richtung.

$$\vec{F}_{1\rightarrow 2} = -\vec{F}_{2\rightarrow 1}$$

Das Gesetz besagt, daß Kräfte stets paarweise auftreten, daß zu jeder Kraft eine Gegenkraft existiert. Kraft und Gegenkraft greifen dabei an verschiedenen Körpern an. Die Gegenkraft bezeichnet man auch als Reaktionskraft.

Beispiele

In den *Abb. 37a—e* geben wir Ihnen dazu einige Beispiele. Ball und Erde wirken mit der gleichen gegenseitigen Anziehungskraft aufeinander ein. Wegen der großen Masse der Erde merken wir natürlich nichts von einer Beschleunigung der Erde.

Der aktive Bizeps zieht an Ober- bzw. Unterarm mit gleich großen, entgegengesetzt gerichteten Kräften.

Die auf die Kugel ausgeübte beschleunigende Kraft erfährt in umgekehrter Richtung die Hand als Druckkraft.

Die vom Körper auf den Boden ausgeübte Stützkraft wird durch eine gleich große entgegengesetzt gerichtete Reaktionskraft beantwortet. Das Gewicht drückt eine elastische Feder zusammen. Die Reaktionskraft der gespannten Feder ist mit der Gewichtskraft im Gleichgewicht.

Dynamische Größen

Die als Proportionalitätsfaktor m im Grundgesetz eingeführte ***Masse*** wird in Kilogramm, Kurzzeichen kg, gemessen. Die Einheit der ***Kraft*** ist das Newton (N).

Masse Kraft

Es ergibt sich aus der Grundgleichung

$$F = m \cdot a$$

wenn die entsprechenden Einheiten eingesetzt werden

$$[F] = [m] \cdot [a] = kg \cdot \frac{m}{s^2}$$

Man setzt $$1\ kg\frac{m}{s^2} = 1\ N$$

Ein Newton ist die Kraft, die einer Masse von 1 kg die Beschleunigung von 1 m/s^2 erteilt.

Die früher übliche Krafteinheit Kilopond (kp) ergibt sich als Gewichtskraft von 1 kg Masse im Schwerefeld der Erde. Hier ist für die ***Beschleunigung*** a der Wert $g = 9{,}81\ m/s^2$ einzusetzen.

$$1\ kp = 1\ kg \cdot 9{,}81\ m/s^2 = 9{,}81\ kg\ m/s^2$$

Umrechnungsfaktoren: 1 kp = 9,81 N
1 N = 0,102 kp.

Die Gewichtskraft G eines Körpers im Schwerefeld der Erde ergibt sich allgemein zu

$$G = m \cdot g$$

m = Masse im Kilogramm
g = Erdbeschleunigung = $9{,}81\ m/s^2$.

Impuls

Impuls

Das Produkt aus der Masse m eines Körpers und seiner Geschwindigkeit $\vec{v}$ bezeichnet man als Impuls $\vec{p}$ oder Bewegungsgröße

$$\vec{p} = m \cdot \vec{v}$$

Der Impuls ist ein Vektor, seine Richtung ist die der Geschwindigkeit. Der Impuls wird gemessen in Newton x Sekunde, Kurzzeichen: N.s. Bei konstanter Masse ist eine Änderung des Impulses stets gleichbedeutend mit einer Änderung der Geschwindigkeit. Diese kann nur durch eine einwirkende Kraft verursacht werden.

Ist das Grundgesetz $F = m \cdot a$, setzen wir $a = \frac{\Delta v}{\Delta t}$ und erhalten

$$F = m \cdot \frac{\Delta v}{\Delta t}$$

Multiplikation beider Seiten mit Δt ergibt

$$F \cdot \Delta t = m \cdot \Delta v$$

Auf der rechten Seite steht mit $m \cdot \Delta v$ die Änderung des Impulses. Δv ist die Differenz zwischen der Geschwindigkeit v_1 am Ende und v_0 am Anfang der Krafteinwirkung. Auf der linken Seite steht das Produkt aus der Kraft F und der Dauer Δt der Krafteinwirkung. Dieses Produkt nennt man Kraftstoß oder Antrieb der Kraft.

Damit lautet die Aussage obiger Gleichung:

Die Änderung des Impulses ist gleich dem Kraftstoß. **Impulssatz**

Das ist der ***Impulssatz.***

Für F = 0, d. h. Abwesenheit äußerer Kräfte, folgt daraus unmittelbar die Erhaltung des Impulses, die man als ***Impulserhaltungssatz*** wie folgt formulieren kann:

Merksatz

Der Gesamtimpuls eines abgeschlossenen Systems (auf das keine äußeren Kräfte einwirken) ist konstant.

Bei konstanter Kraft ist der Kraftstoß wie in *Abb. 38* durch die Rechteckfläche mit den Seiten F und t gegeben, die unmittelbar die Impulsänderung Δp darstellt.

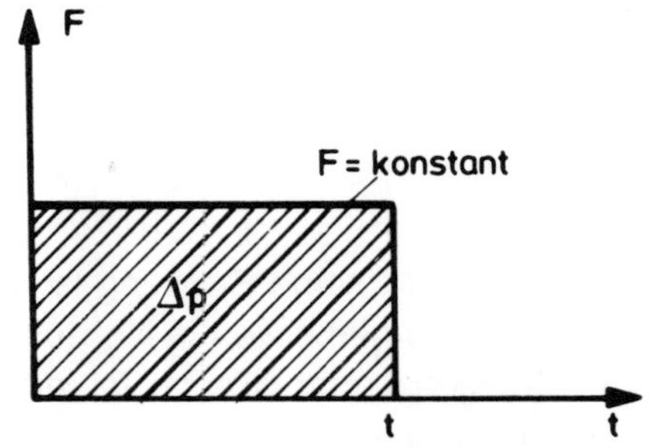

Abb. 38 Impulsänderung

Merksatz

Man kann die gleiche Impulsänderung Δp erzeugen durch große Kraft bei kleiner Wirkungsdauer und kleine Kraft bei großer Wirkungsdauer.

Beispiel *(Abb. 39):* Der Kraftstoß $F_1 \cdot t_1 = \Delta p_1$ ist der gleiche wie $F_2 \cdot t_2 = \Delta p_2$, denn mit

$$F_2 = \frac{F_1}{2} \text{ und } t_2 = 2 \cdot t_1$$

erhalten wir für p_2:

$$\Delta p_2 = \frac{F_1}{2} \cdot 2 \cdot t_1 = F_1 \cdot t_1$$

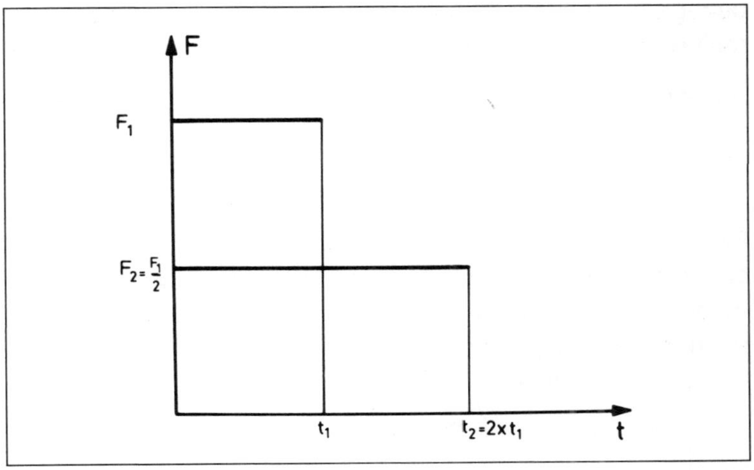

Abb. 39 Gleiche Impulsänderung durch große Kraft bei kleiner Wirkungsdauer und kleine Kraft bei großer Wirkungsdauer

Wir nehmen in den folgenden Beispielen **vereinfachend** eine konstante mittlere Kraft F während der Einwirkungsdauer Δt an:

Beispiel 1

1. Kugelstoß. Auf die Kugel mit der Masse m = 7,25 kg wirkte während der Zeit Δt = 0,2 s eine mittlere Kraft in Stoßrichtung von F = 435 N ein. Die Anfangsgeschwindigkeit sei $v_0 = 0$. Mit welcher Geschwindigkeit fliegt die Kugel ab?

Ansatz:

$$F \cdot \Delta t = m \cdot \Delta v$$

$$\Delta v = \frac{F \cdot \Delta t}{m}$$

$$\Delta v = \frac{435 \text{ N} \cdot 0{,}25}{7{,}25 \text{ kg}} = 12{,}0 \text{ m/s}$$

(denn N = kg m/s²,

$$\text{also } \frac{n \cdot s}{kg} = \frac{kg \cdot m}{s^2} \cdot \frac{s}{kg} = \frac{m}{s})$$

Die Kugel fliegt mit v_1 = 12,0 m/s ab.

Beispiel 2

2. Tennisschlag. Ein Tennisball kommt mit v_0 = 20 m/s auf den Schläger zu und werde mit v_1 = 30 m/s in genau entgegengesetzter Richtung zurückgeschlagen. Die Masse des Tennisballs ist m = 0,06 kg, die Kontaktzeit auf dem Schläger betrage t = 0,005 s (= 5 Millisekunden). Welche mittlere Kraft muß während des Stoßes zwischen Schläger und Ball wirken?

Ansatz:
$$F \cdot \Delta t = m \cdot \Delta v$$
$$F = \frac{m \cdot \Delta v}{\Delta t}$$

Bei der Berechnung von Δv müssen wir berücksichtigen, daß ankommender und abfliegender Ball die entgegengesetzte Richtung haben. Definieren wir die Abflugrichtung als positiv, dann ist die Anflugrichtung negativ. Also v_1 = 30 m/s und v_0 = — 20 m/s. Damit wird

$$\Delta v = v_1 - v_0 = 30 \text{ m/s} - (-20 \text{ m/s}) = 50 \text{ m/s}$$

Die Geschwindigkeitsdifferenz vor und nach dem Stoß beträgt 50 m/s und wir erhalten

$$F = \frac{0{,}06 \text{ kg} \cdot 50 \text{ m/s}}{0{,}005 \text{ s}} = 600 \text{ kg m/s}^2 = 600 \text{ N}$$

(denn kg $\cdot$ m/s^2 = N)

Es muß demnach eine mittlere Kraft von 600 N auf den Ball einwirken. Im realen Fall kann das Maximum auf etwa den 1,5fachen Wert, also 600 N x 1,5 = 900 N abgeschätzt werden.

Beispiel 3

3. Weitsprung. Ein Weitspringer mit der Körpermasse m = 70 kg habe zu Beginn des Absprungs am Balken eine horizontale Anlaufgeschwindigkeit von + 9,6 m/s. Aus der Kraft-Zeit-Kurve des Abstoßes kann der horizontale Kraftstoß zu — 84 Ns berechnet werden. Mit welcher horizontalen Geschwindigkeitskomponente fliegt der Weitspringer ab?

Ansatz:
$$F \cdot \Delta t = m \cdot \Delta v$$
$$F \cdot \Delta t = -84 \text{ N} \cdot \text{s}, \; m = 70 \text{ kg}$$
$$v = \frac{F \cdot \Delta t}{m} = -\frac{84 \text{ Ns}}{70 \text{ kg}} = -1{,}2 \text{ m/s}$$

Der Weitspringer erfährt während des Absprungs einen horizontalen Geschwindigkeitsverlust von Δv = — 1,2 m/s. Seine Abfluggeschwindigkeit in horizontaler Richtung ergibt sich dann aus

$$v_{abfl.} = v_{anl.} + \Delta v$$
$$v_{abfl.} = 9{,}6 \text{ m/s} - 1{,}2 \text{ m/s}$$
$$v_{abfl.} = 8{,}4 \text{ m/s}$$

Arbeit

Arbeit

Wird ein Körper von einer Kraft F um den Weg x verschoben, dann verrichtet die Kraft eine Arbeit W.

Definition

> Das Produkt aus Kraft mal Weg nennt man **Arbeit.**
>
> Arbeit = Kraft x Weg
>
> $W = F \cdot x$

Die Einheit der Arbeit ergibt sich gemäß

$$[W] = [F] \cdot [x] = N \cdot m$$

als Newton · Meter. Diese Einheit ist identisch mit Joule (J) und Wattsekunde (Ws).

Der Begriff der ***mechanischen Arbeit*** ist immer mit Kraft und Weg verbunden. Das bloße Wirken einer Kraft bedeutet nicht, daß Arbeit verrichtet wird. Ein an einem Seil hängender Körper wird durch die Seilkraft (= Reaktionskraft auf die Gewichtskraft) im Gleichgewicht gehalten *(Abb. 40).* Der Körper, an dem die Kraft angreift, bleibt in Ruhe, es wird kein Weg zurückgelegt: die Arbeit ist gleich Null.

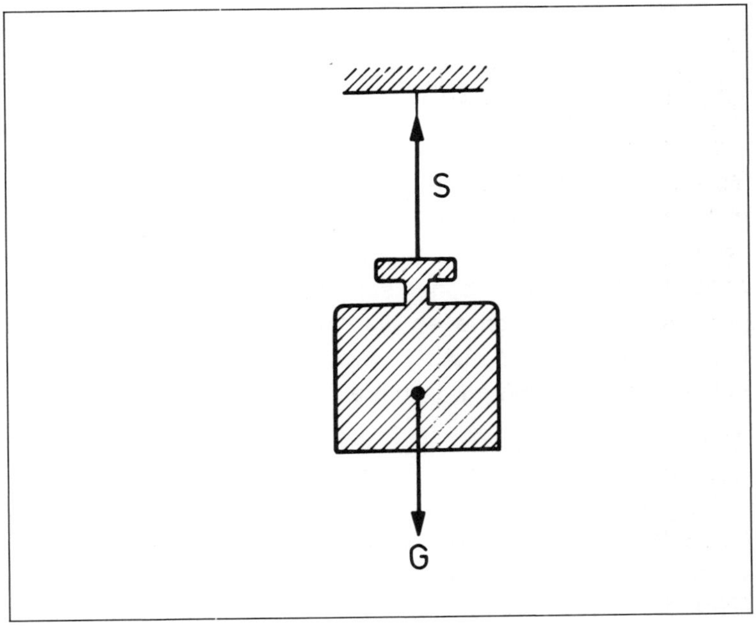

Abb. 40 Wirkung einer Kraft auf einen Körper in Ruhe

Wird — wie in *Abb. 41* — eine Kugel mit einer Gewichtskraft im Gleichgewicht gehalten, dann muß die entsprechende Muskulatur die Gegenkraft F_{Hand} entwickeln. Da die Kugel in Ruhe gehalten wird, ist damit keine mechanische Arbeit verbunden (F_{Hand} ist eine nichtarbeitende Kraft). Der mit der Entwicklung der Muskelspannung verbundene Energieverbrauch kann physiologisch z. B. am Sauerstoffverbrauch gemessen werden und wird auch als physiologische Arbeit bezeichnet. Diese sogenannte ***physiologische Arbeit*** ist nicht gleichbedeutend mit mechanischer Arbeit. Das ist insbesondere immer der Fall, wenn Muskeln isometrisch arbeiten, d. h. Spannung entwickeln, ohne ihre Länge zu ändern.

Abb. 41 Physiologische Arbeit

Bei der obigen Definition wurde vorausgesetzt, daß die Kraft $\vec{F}$ in Richtung des Weges $\vec{x}$ wirkt. Greift die Kraft unter einem Winkel φ zur Wegrichtung an, dann ist für die Berechnung der Arbeit nur die Kraftkomponente in Wegrichtung zu berücksichtigen *(Abb. 42).* Wir zerlegen die Kraft $\vec{F}$ in ihre rechtwinkligen Komponenten $\vec{F} \cdot \sin\varphi$ und $\vec{F} \cdot \cos\varphi$. Letztere ist die Kraftkomponente in Wegrichtung. Damit wird die Arbeit

$$W = \vec{F} \cdot \cos\varphi \cdot \vec{x}$$

Ist die Kraft längs des Weges gegeben (Kraft-Weg-Diagramm), dann ergibt sich die Arbeit als Fläche unter der F · x-Kurve *(Abb. 43):* von x_1 bis x_2 wird die durch die schraffierte Fläche dargestellte Arbeit verrichtet.

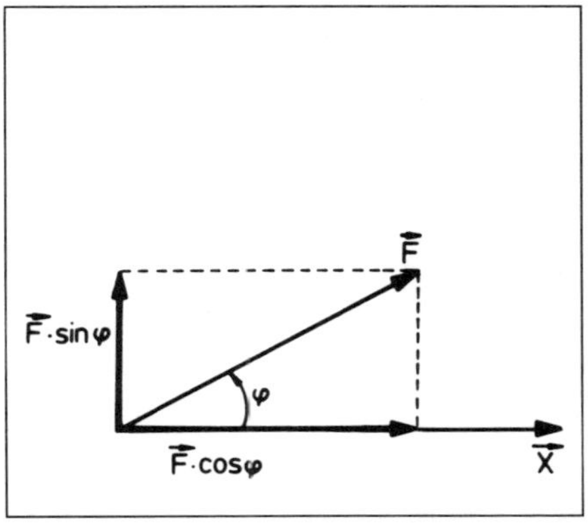

Abb. 42 Berechnung der Arbeit, wenn eine Kraft in einem Winkel zur Wegrichtung angreift

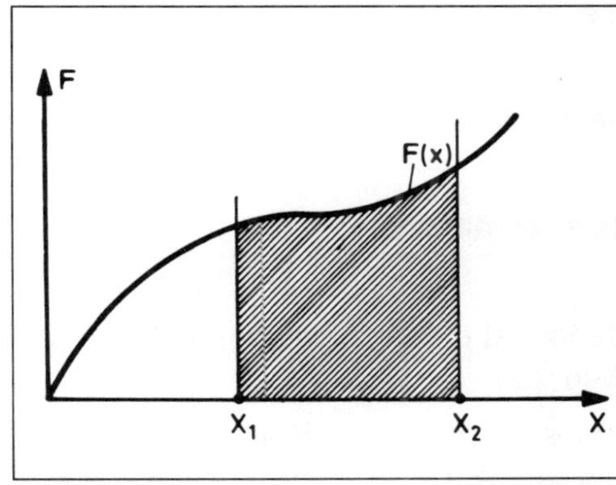

Abb. 43 Berechnung der Arbeit, wenn eine Kraft längs des Weges angreift

Hubarbeit

Eine besondere, häufig vorkommende Art der Arbeit ist die Hubarbeit, die im Schwerefeld der Erde verrichtet wird. Hebt man einen Körper (ohne ihn zu beschleunigen) gegen die Schwerkraft an, dann wird Hubarbeit W_H aufgewendet. Bezeichnet man die Höhe, um die der Körper gehoben wird, mit h und mit G seine Gewichtskraft, dann wird

$$W_H = G \cdot h$$

Beispiel 1: Eine Hantel mit der Masse m = 50 kg wird um eine Höhe h = 1,5 m angehoben. Wie groß ist die Hubarbeit?

$$W_H = G \cdot h = m \cdot g \cdot h = 50 \text{ kg} \cdot 9{,}81 \text{ m/s}^2 \cdot 1{,}5 \text{ m}$$
$$W_H = 735{,}75 \frac{\text{kgm}^2}{\text{s}^2} = 735{,}75 \text{ Nm}$$

Beispiel 2: Beim Laufen wird der Körperschwerpunkt in jeder Stützphase um etwa 3 cm angehoben. Wie groß ist die Hubarbeit je Zyklus bei einem Läufer mit der Masse m = 75 kg?

$$W_H = G \cdot h = m \cdot g \cdot h = 75 \text{ kg} \cdot 9{,}81 \text{ m/s}^2 \cdot 0{,}03 \text{ m}$$
$$W_H = 22 \frac{\text{kgm}^2}{\text{s}^2} + 22 \text{ Nm}$$

Beschleunigungsarbeit

Wird ein Körper durch eine Kraft $\vec{F}$ längs des Weges $\vec{x}$ beschleunigt, dann wird Beschleunigungsarbeit W_B verrichtet.

Sie ist gegeben durch

$$W_B = \vec{F} \cdot \vec{x}$$

Setzt man für

$$\vec{F} = m \cdot \vec{a}$$

dann erhält man

$$W_B = m \cdot \vec{a} \cdot \vec{x}$$

Dabei hat die Beschleunigung $\vec{a}$ die gleiche Richtung wie der Weg $\vec{x}$.

Ist insbesondere die Kraft und damit die Beschleunigung zeitlich konstant (gleichmäßig beschleunigte Bewegung), dann wird bei Beschleunigung aus der Ruhe ($v_0 = 0$)

$$W_B = {}^1/_2\, m \cdot v^2$$

wobei v die erreichte Geschwindigkeit bedeutet.

Hinweis ⟵

Der Begriff der Beschleunigungsarbeit enthält die beschleunigende Kraft und den Weg, auf dem beschleunigt werden kann. Im Zusammenhang mit sportlicher Bewegung wird dieser Weg häufig als ***Beschleunigungsweg*** bezeichnet. Dabei wird der „optimalen" Gestaltung des Beschleunigungswegs (betreffend seine Länge und seine Krümmungen) besondere Bedeutung beigemessen. Die Beschleunigungsarbeit gibt uns den Hinweis, daß der Effekt, die erreichte Geschwindigkeit nämlich, natürlich auch von der Kraft abhängt, die längs dieses Weges wirkt (die aber häufig nicht bekannt ist). Es genügt also nicht, beispielsweise den Beschleunigungsweg zu vergrößern, um eine größere Endgeschwindigkeit zu erreichen.

Energie

Energie

Der Begriff der Energie hängt eng mit dem der Arbeit zusammen. Energie bedeutet Arbeitsvermögen, die Fähigkeit, Arbeit zu verrichten. In Nahrungsmitteln z. B. (Treibstoff) ist chemische Energie vorhanden, die der Muskel (Motor) in mechanische Arbeit umwandeln kann, in Hubarbeit etwa oder Beschleunigungsarbeit. Durch Hubarbeit oder Beschleunigungsarbeit an einem Körper erhöhen wir das Arbeitsvermögen, die mechanische Energie des Körpers, der dann seinerseits in der Lage ist, Arbeit zu verrichten (abzugeben).

Energie wird in den gleichen Einheiten wie Arbeit gemessen:

$$[E] = Nm = J = Ws$$

Man unterscheidet ***Lageenergie*** (E_{pot} = potentielle Energie) und ***Bewegungsenergie*** (E_{kin} = kinetische Energie).

Lageenergie hat ein Körper aufgrund seiner Lage (Höhe) im Schwerefeld der Erde. Wird ein Körper um die Höhe h angehoben, dann ist die Hubarbeit $W_H = m \cdot g \cdot h$ verrichtet worden; sie ist nun als Lageenergie E_{pot} im Körper gespeichert

$$E_{pot} = m \cdot g \cdot h$$

Die potentielle Energie eines Körpers ist proportional zur Masse und der Hubhöhe über ein zweckmäßig festzulegendes Ausgangsniveau.

Bewegungsenergie hat ein Körper aufgrund seiner Bewegung, genauer: seiner Geschwindigkeit. Beim Erhöhen der Geschwindigkeit eines Körpers wird die Beschleunigungsarbeit $W_B = {}^1/_2\, mv^2$ verrichtet, die dann als kinetische Energie E_{kin} im Körper enthalten ist

$$E_{kin} = {}^1/_2\, m \cdot v^2$$

Die kinetische Energie eines Körpers ist proportional zur Masse und dem Quadrat der Geschwindigkeit. Bei Verdoppelung der Geschwindigkeit vervierfacht sich die kinetische Energie.

Satz von der Erhaltung der Energie

Die verschiedenen Formen von Energie können ineinander umgewandelt werden. Anschaulich ist das für einen frei fallenden Körper, der seine Energie der Lage beim Fall in Bewegungsenergie umwandelt. Bei all diesen Umwandlungsprozessen kann weder Energie entstehen noch verloren gehen. Dies ist der Inhalt des Energieerhaltungssatzes, der lautet:

Merksatz

In einem abgeschlossenen System bleibt die Summe der Energie konstant.

(Abgeschlossenes System bedeutet: es wird weder Energie zugeführt noch abgegeben.)

Dieser Satz umfaßt alle Energieformen einschließlich der chemischen Energie und der Wärmeenergie. In der Mechanik gilt dieser Satz nur eingeschränkt, nämlich unter der Voraussetzung, daß keine Reibung auftritt, die mechanische Energie in Wärmeenergie umwandelt. Setzen wir idealisierend ein solches verlustfreies System voraus, dann gilt für die mechanischen Energien: In einem abgeschlossenen System bleibt die Summe der potentiellen und kinetischen Energie konstant:

$$E_{pot} + E_{kin} = \text{konstant}$$

Beispiel 1: Eine Stahlkugel *(Abb. 44)* falle aus der Höhe h auf eine Stahlplatte und springt (nach idealer, verlustfreier Reflexion) wieder nach oben auf die gleiche Höhe zurück. Welche Energieformen treten dabei auf und welchen Wert hat die Energie in diesem System?

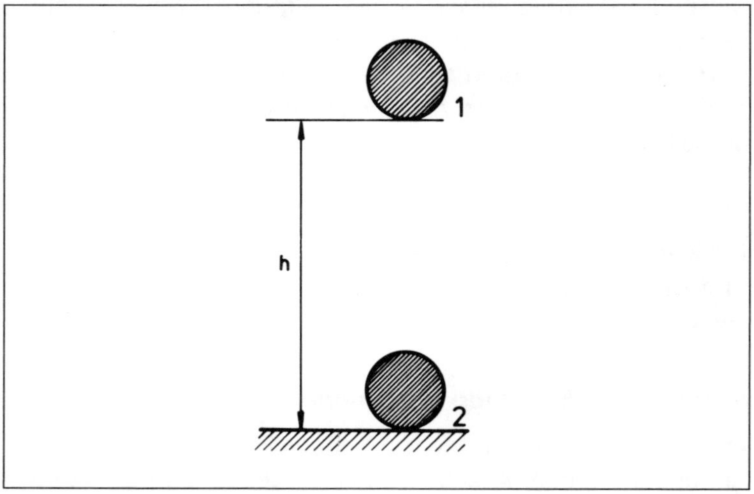

Abb. 44 Erhaltung der Energie, Beispiel fallende Stahlkugel

Wir berechnen E_{pot} und E_{kin} in den beiden Positionen 1 und 2.

$$E_{pot}\,(1) = m \cdot g \cdot h,\ E_{kin}\,(1) = 0 \text{ (wegen } v = 0)$$
$$E_{gesamt}\,(1) = E_{pot}\,(1) + E_{kin}\,(1) = m \cdot g \cdot h$$

Das ist der Energieinhalt der Kugel, der konstant bleiben muß.

$$E_{pot}\,(2) = 0 \text{ (wegen } h = 0),\ E_{kin} = {}^1\!/_2\, mv^2$$
$$E_{gesamt}\,(2) = E_{pot}\,(2) + E_{kin}\,(2) = {}^1\!/_2\, mv^2$$

Nach dem Energieerhaltungssatz muß sein:

$$E_{gesamt}\,(1) = E_{gesamt}\,(2)$$

Daraus folgt $m \cdot g \cdot h = {}^{1}/_{2}\, mv^2$

und weiter $2 \cdot g \cdot h = v^2$

oder $v = \sqrt{2 \cdot g \cdot h}$

Die potentielle und kinetische Energie wird im Idealfall wechselseitig ineinander umgewandelt. Daraus ergibt sich ein gesetzmäßiger Zusammenhang zwischen v und h (den wir schon bei den Fallgesetzen kennengelernt haben).

Beispiel 2: Ein Turner habe gemäß *Abb. 45* seinen Körperschwerpunkt beim Beginn des Abschwungs auf der Höhe h = 1,3 m über dem tiefsten Punkt beim Durchschwingen. Wir vernachlässigen Reibungsverluste und Luftwiderstand. Wie groß ist die Geschwindigkeit des KSP beim Durchlaufen der Vertikalen?

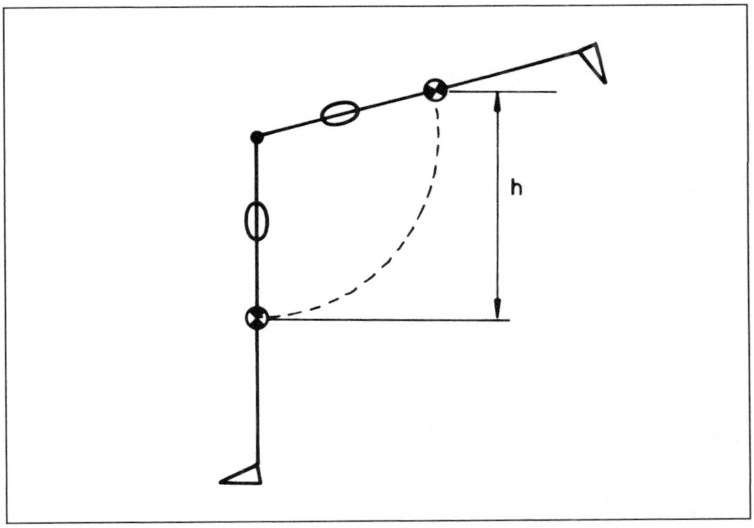

Abb. 45 Erhaltung der Energie, Beispiel Turnen

Ansatz: Energie oben = Energie unten
Obere Lage: $E_{pot} = m \cdot g \cdot h$, $E_{kin} = 0$
Untere Lage: $E_{pot} = 0$, $E_{kin} = {}^{1}/_{2}\, mv^2$

Aus der Konstanz der Energie folgt $v = \sqrt{2 \cdot g \cdot h}$

$$v = \sqrt{2 \cdot 9{,}81\ m/s^2 \cdot 1{,}3\ m} = \sqrt{25{,}51\ m^2/s^2}$$

Die Geschwindigkeit beträgt v = 5,05 m/s

Beispiel 3: Ein Rodler durchfährt eine Rodelbahn mit einem Höhenunterschied zwischen Start und Ziel von h = 100 m. Wie groß ist seine Endgeschwindigkeit am Ziel, wenn er am Start die Geschwindigkeit $v_0 = 0$ gehabt hat (und wir von Reibungsverlusten und Luftwiderstand absehen)?

Ansatz: Energie am Start = Energie am Ziel

$$E_{port} = m \cdot g \cdot h = E_{kin} = {}^1/_2\, mv^2$$
$$v = \sqrt{2 \cdot g \cdot h}$$
$$= \sqrt{2 \cdot 9{,}81\ m/s^2 \cdot 100\ m} = \sqrt{1962\ m^2/s^2}$$
$$v = 44{,}29\ m/s$$

Die Endgeschwindigkeit beträgt 44,29 m/s. Das stimmt sehr gut mit den tatsächlichen gemessenen Werten überein.

Hinweis

Bei der Anwendung des Energieerhaltungssatzes bei menschlichen Körperbewegungen muß man sich folgender Tatsachen stets bewußt sein:

- Es gibt keine ideale Umwandlung der mechanischen Energieformen, es treten z. T. erhebliche **Verluste** auf und zwar durch Umwandlung von mechanischer Energie in Wärmeenergie.
- Der Muskelmotor kann ständig aus chemischer Energie mechanische Energie produzieren und damit die mechanische Energie des Körpers erhöhen.

Leistung

Leistung

Definition

> In der Mechanik ist **Leistung** der Quotient aus verrichteter Arbeit und dazu benötigter Zeit:
>
> $$\text{Leistung} = \frac{\text{Arbeit}}{\text{Zeit}}$$

Leistung setzt Arbeit voraus. Je größer die in einer bestimmten Zeit verrichtete Arbeit ist, desto größer ist auch die Leistung. Für die Leistung ist das Symbol P (power) gebräuchlich, so daß wir schreiben können

$$P = \frac{W}{t}$$

Die Einheit der Leistung ist Newtonmeter/Sekunde

$$[P] = \frac{Nm}{s} = \text{Watt (W)} = \frac{\text{Joule}}{\text{Sekunde}} \left(\frac{J}{s}\right)$$

Im Sport kommt es häufig darauf an, die erforderliche Arbeit in möglichst kurzer Zeit zu verrichten, d. h. eine große Leistung aufzubringen. Das betrifft in erster Linie den „Motor" des Systems, die Muskulatur.

Ein Begriff aus der Trainingslehre, der offensichtlich mit großer Muskelleistung verknüpft ist, ist der der ***Schnellkraft.*** Ohne auf die zahlreichen, nicht immer auch aufschlußreichen Definitionen von Schnellkraft näher einzugehen, ist damit sicher ein Zusammenhang von Muskelkraft und der Schnelligkeit ihrer Entfaltung/Entwicklung eingeschlossen.

Schreibt man nun in der Leistungsdefinition

$$P = \frac{W}{t}$$

$$W = F \cdot x$$

dann folgt $$P = \frac{F \cdot x}{t}$$

und mit $$\frac{x}{t} = v$$

folgt schließlich $$P = F \cdot v$$

d. h. die mechanische Leistung ist definiert als Produkt der Kraft F und der Geschwindigkeit v (mit der die Kraft Arbeit verrichtet). Diese Schreibweise enthält demnach die zur Schnellkraft gehörenden Faktoren, hier jedoch in quantitativer, meßbarer Form.

Übersicht: Dynamische Größen

Größe	Formelzeichen	Einheit	Kurzzeichen
Masse	m	Kilogramm	kg
Kraft	F	Newton (Kilopond)	N (kp)
Impuls	P	Newtonsekunde	Ns
Arbeit	W	Newtonmeter	Nm
Energie	E	Newtonmeter	Nm
Leistung	P	Newtonmeter/ Sekunde	Nm/s

Aufgabe 7

Bitte beantworten Sie diese Fragen:

1. *Was ist die Aufgabe der Kinetik?*
2. *Wie lautet das zweite Newtonsche Gesetz (Aktionsgesetz)?*
3. *Wie lautet das dritte Newtonsche Gesetz (Reaktionsgesetz)?*
4. *Wie kann man Kilopond in Newton umrechnen?*
5. *Wie ist der Impuls definiert?*
6. *In welchen Einheiten wird er gemessen?*
7. *Wie lautet der Impulssatz?*
8. *Wie ist die mechanische Arbeit definiert?*
9. *In welchen Einheiten wird sie gemessen?*
10. *Welche Arten von mechanischer Arbeit gibt es?*
11. *Was ist der Unterschied zwischen mechanischer und physiologischer Arbeit?*
12. *Was versteht man unter Energie?*
13. *In welchen Einheiten wird sie gemessen?*
14. *Welche Arten mechanischer Energie gibt es?*
15. *Wie sind sie formelmäßig definiert?*
16. *Was ist der Inhalt des Energieerhaltungssatzes?*
17. *Wie ist Leistung definiert?*
18. *In welchen Einheiten wird sie gemessen?*

2.2 Biomechanik des Bewegungsapparats

Einführung

In diesem Abschnitt sollen die wesentlichen mechanischen Eigenschaften des Bewegungsapparats besprochen werden, die für eine biomechanische Analyse der Bewegungen von Bedeutung sind. Der Bewegungsapparat wird gebildet aus dem knöchernen Skelett, seinen Verbindungselementen, den Gelenken und der Muskulatur (vgl. auch Studienbrief ,,Funktionelle Anatomie“).

Problemstellung

Nach dem von ROUX ausgesprochenen ,,Prinzip der funktionellen Anpassung“ antwortet der Bewegungsapparat auf äußere mechanische Weise gesetzmäßig mit einem biomechanischen und biochemischen Auf- bzw. Abbau. Er strebt — natürlich in gewissen Grenzen — eine ständig bessere Anpassung an die gestellten Anforderungen an. Oder, mit anderen Worten, er verkleinert die Differenz zwischen den Anforderungen und der Leistungsfähigkeit des Bewegungsapparats.

Auswertung

Der Aufbau des Bewegungsapparats ist demnach entscheidend von seiner Funktion geprägt. Dies stellt z. B. die Voraussetzung für die eindrucksvolle Ausbildung der Knochenstrukturen nach den Hauptbelastungen dar, bildet aber auch die Grundlage für jegliches Training, bei dem durch die mechanische Reize gezielt bestimmte Reaktionen vor allem bezüglich der Leistungsfähigkeit der Muskulatur hervorgerufen werden. Die funktionelle Anpassung geschieht auch in umgekehrter Richtung: bei Unterforderung wird Gewebe abgebaut, die Leistungsfähigkeit vermindert.

Merksatz

Geringe Reize sind nutzlos, mittlere nützen, große schaden!

Weiterführung

Man unterscheidet den aktiven und den passiven Bewegungsapparat. Den aktiven Bewegungsapparat stellt die Skelett-Muskulatur dar. Der passive Bewegungsapparat wird durch das knöcherne Skelett und seine Verbindungselemente, die Gelenke, gebildet. Dazu gehören auch Knorpel, Bänder und Sehnen.

2.2.1 Der passive Bewegungsapparat

Überblick

Der passive Bewegungsapparat wird gekennzeichnet durch die mechanischen Eigenschaften seiner Bauteile u. a.:

— Körpergröße und Körpergewicht
— Längen der Teilglieder
— Gelenkkonstruktion (z. B. Kugel- oder Scharniergelenk)
— Masse der Teilglieder
— Massenverteilung (Lage des Körperschwerpunkts, Massenträgheitsmomente)
— Festigkeitseigenschaften der verschiedenen Gewebematerialien

Problemstellung

Die mechanische Beschreibung erfordert idealisierende d. h. nur das wesentliche enthaltende ***modellmäßige Vereinfachungen***.

Auswertung

Eine angenäherte aber relativ einfache Beschreibung des Bewegungsapparats ergibt sich bei folgenden Annahmen:

— die Gelenke werden entweder als Kugel- oder Scharniergelenke aufgefaßt, die nur reine Drehbewegungen zulassen;

— die Längsachsen der Teilglieder werden als Verbindungslinien der Gelenkachsen bzw. Gelenkmittelpunkte definiert;

— die Teilglieder werden als starre, nicht verformbare Körper aufgefaßt;

— die über Sehnen, Bänder und Gelenke übertragenen Kräfte werden als resultierende Einzelkräfte dargestellt.

Eine weitere, sehr häufig gemachte Annahme betrifft den Charakter der Bewegung, vereinfacht aber auch die Betrachtungsweise des Bewegungsapparats: Man läßt nur ***ebene Bewegungen*** zu. Dabei betrachtet man die ***Sagittalebene*** des Körpers (= Ebene, die den Körper in annähernd gleiche symmetrische Hälften teilt und jede dazu parallele Ebene) als Hauptbewegungsebene. Vernachlässigt werden Haltungen und Bewegungen — genauer: Komponenten der Bewegung — in der dritten Dimension z. B. das Abspreizen eines Beines, das zur Laufrichtung schräge Aufsetzen des Fußes. Auch Drehbewegungen — sofern sie nicht ganz oder teilweise um Achsen senkrecht zur Sagittalebene erfolgen — werden nicht berücksichtigt. Es ist einsichtig, daß diese eingeschränkte Betrachtungsweise nicht selten eine unzulässige Vergröberung der Bewegung darstellt

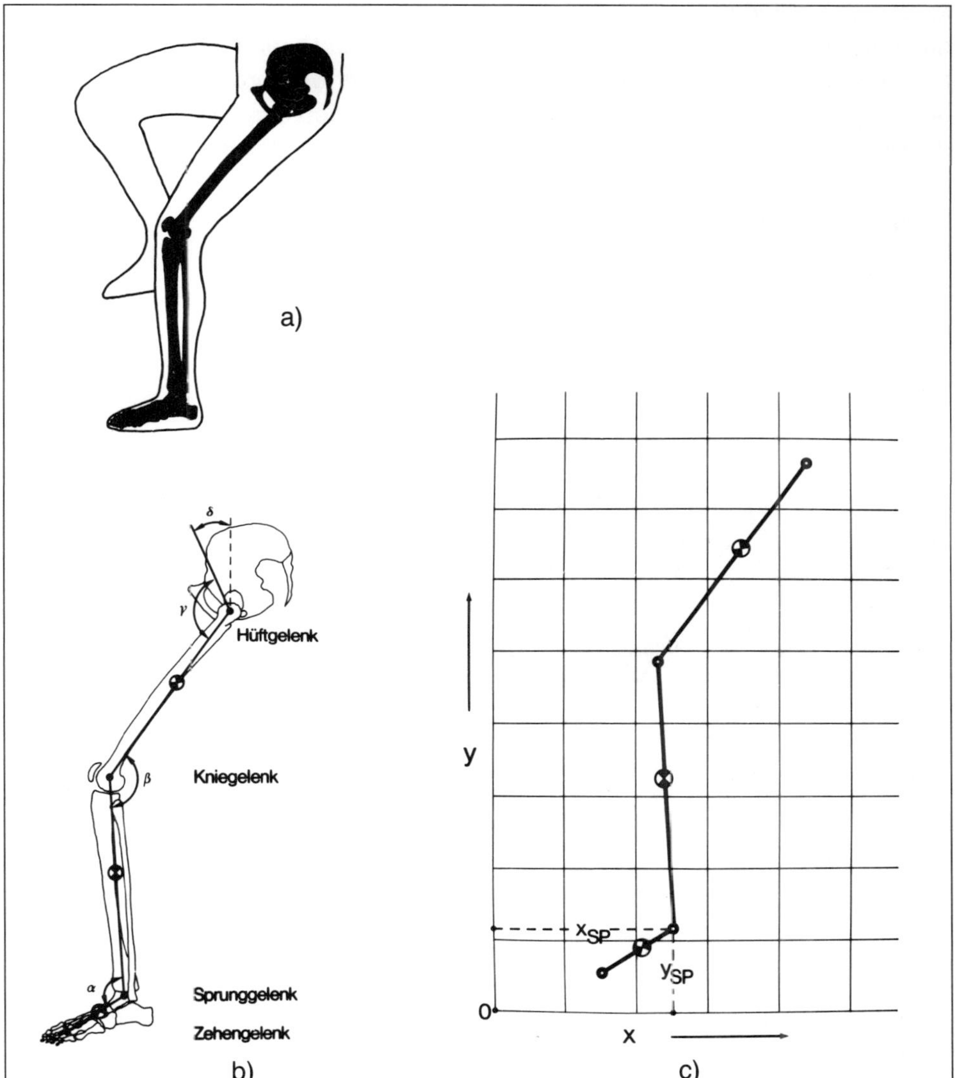

Abb. 46a—c Vereinfachende Darstellung des Bewegungsapparates

und die daraus abgeleiteten Ergebnisse mit Vorsicht zu interpretieren sind.

Die oben verwendeten Idealisierungen lassen eine einfache Darstellung des Bewegungsapparats zu, wie sie in den *Abb. 46a—c* gezeigt wird. Die Projektion des Skeletts in die Bildebene ist die Grundlage für die Konstruktion der Gelenkmittelpunkte und der Gliederlängsachsen. Damit können Gelenkwinkel definiert und meßbar gemacht werden. Darüber hinaus können auf den Gliederlängsachsen die Lagen der Teilschwerpunkte der Segmente eingetragen werden, die die Voraussetzung für die Berechnung der Lage des Gesamtschwerpunkts darstellen.

Beispiele interessierender ***Körperwinkel*** beim Sprintstart bzw. beim Skilanglauf zeigen die *Abb. 47* und *48.*

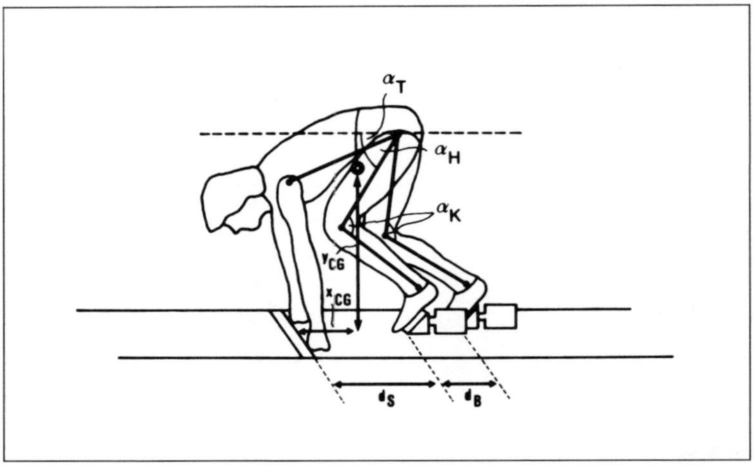

Abb. 47 Körperwinkel beim Sprintstart

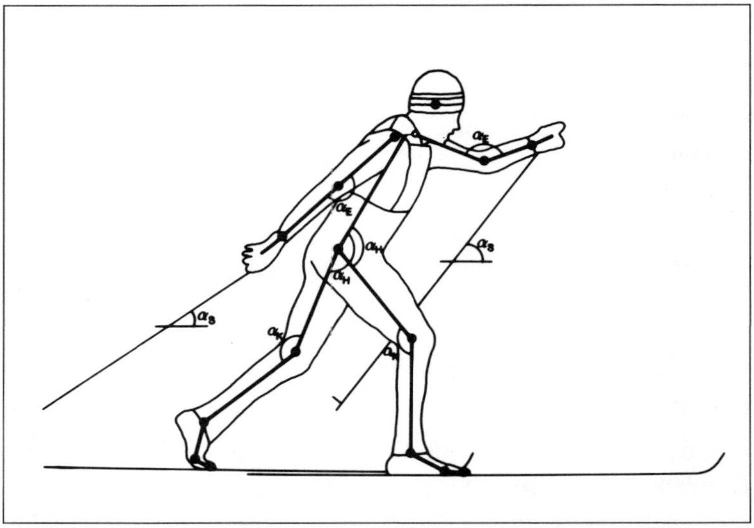

Abb. 48 Körperwinkel beim Skilanglauf

Körperschwerpunkt

Der Körperschwerpunkt (KSP) oder Massenmittelpunkt des Körpers ist ein physikalisch-mathematisch definierter Punkt. Bei nicht verformbaren Körpern ist die Lage des KSP körperfest, d. h. anderen Körperpunkten geometrisch fest zugeordnet. Bei verformbaren oder aus mehreren Teilkörpern zusammengesetzten Körpern ist die Lage des KSP von der jeweiligen Haltung, d. h. der gegenseitigen Lage der einzelnen Teilkörper (Körperteile) abhängig, also nicht mehr körperfest. Der KSP kann beim menschlichen Körper nicht an anatomischen Strukturen festgemacht (oder gar markiert) werden.

Insbesondere kann der Körperschwerpunkt außerhalb des Körpers liegen, z. B. bei extremen Überstreckungen im Hüftgelenk (Hochspringer, Weitspringer) nach rückwärts oder bei starken Beugungen im Hüftgelenk (Weitsprunglandung, Salto gehockt) nach vorwärts *(Abb. 49).*

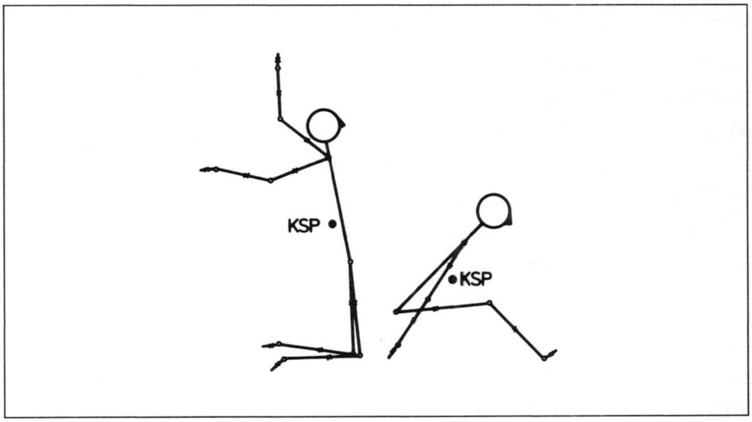

Abb. 49 Körperschwerpunkt außerhalb des Körpers

Die Kenntnis des Körperschwerpunkts ist erforderlich, weil

— alle äußeren Kräfte (einschließlich der Schwerkraft) auf den Körper bezüglich der Translation so wirken, als würden sie am Schwerpunkt angreifen

— die drehenden Momente der äußeren Kräfte (z. B. in der Stützphase) sich aus dem Kraftvektor und der Lage des KSP ergeben

— in allen Flugphasen die Bahn des KSP eine Parabel beschreibt (wenn wir von Luftwiderstand absehen)

— in den Flugphasen Drehungen des Körpers nur um Achsen durch den KSP erfolgen.

Die Bestimmung des KSP für eine bestimmte Körperhaltung kann experimentell oder analytisch (rechnerisch mit Hilfe eines Modells erfolgen (s. Kap. 3.2.1).

Hinweis ←

Massenträgheitsmoment

Das Massenträgheitsmoment oder die Drehmasse des Körpers ist ein Maß für die Trägheit des Körpers bei Drehbewegungen. Ist die Körpermasse durch entsprechende Körperhaltung im Mittel sehr nahe der Drehachse (z. B. bei der Pirouette, beim gehockten Salto, beim angewinkelten Bein bezüglich des Hüftgelenks), dann ist die Drehmasse klein. Bei großem Abstand der Körpermasse (z. B. Auflösung der Pirouette, gestreckter Salto, gestrecktes Bein bezüglich Hüftgelenkachse) ist die Drehmasse des Körpers (immer bezogen auf die Drehachse) durch Veränderung der Körperhaltung verändert werden.

Um Drehbewegungen einzuleiten, sind bei großen Drehmassen große Drehmomente erforderlich, Drehungen in der Luft erfolgen bei gleichem Drehimpuls schneller bei kleinen Drehmassen, langsamer bei großen Drehmassen (Beispiel: gestreckter und gehockter Salto). Bei Drehungen um die quere Hüftgelenkachse kann das Verhältnis von kleinster zu größter Drehmasse bis zu 1 : 4 betragen.

Die Bestimmung von Massenträgheitsmomenten kann experimentell (für den ganzen Körper) und analytisch (für Teilkörper und den ganzen Körper erfolgen, s. Lit. zu 3.2.1).

Hinweis ←

2.2.2 Der aktive Bewegungsapparat

Überblick

Der aktive Bewegungsapparat ist die Skelettmuskulatur. Der Muskel ist der Motor (Beweger), der die Aufgabe hat, aus chemischer Energie mechanische Spannung bzw. Arbeit zu erzeugen. Der Muskel kann nur Zugspannungen erzeugen, die i. a. über Sehen auf das Skelettsystem übertragen werden. Der Ursprung des Muskels liegt stets ***proximal,*** d. h. rumpfnäher (an der größeren Masse), der Ansatz ist stets ***distal,*** d. h. rumpfferner (an der kleineren Masse) befestigt.

Problemstellung

Biomechanisch kann man den Gesamtmuskel (zwischen Ursprung und Ansatz) auffassen als ein aus drei Elementen zusammengesetztes System.

Es enthält:

Auswertung

— das kontraktile Element (K. E.), das durch aktive, willkürliche Kontraktion Kraft entwickelt

— das parallel-elastische Element (P. E.), welches parallel zum K. E. vergleichbar einer elastischen Feder wirkt (im wesentlichen im Muskel befindliches Bindegewebe)

— das Serien-elastische Element (S. E.), das in Reihe mit den beiden vorgenannten Elementen wirkt (im wesentlichen durch Bindegewebe u. a. der Sehne repräsentiert).

Hinweis ⟶

Die Dämpfung, d. h. den Energieverlust durch Umwandlung in Wärme haben wir dabei vernachlässigt. Sie ist besonders groß im kontraktilen Element.

Weiterführende Problemstellung

Bei der Muskelaktivität unterscheidet man drei Kontraktionsarten.

Es sind:

Auswertung

— ***Isometrische Kontraktion:*** Die Gesamtlänge des aktiven Muskels zwischen Ursprung und Ansatz bleibt konstant, es erfolgt keine Bewegung in dem überspannten Gelenk. *(Abb. 50* zeigt das aus den drei Elementen zusammengesetzte Muskelsystem bei isometrischer Kontraktion. Die Verkürzung des K. E. wird durch entsprechende Verlängerung des S. E. kompensiert: die Kraft des K. E. wird übertragen zwischen Ursprung U und Ansatz A, ohne daß eine Änderung der Länge L erfolgt.)

— ***Konzentrische Kontraktion:*** Die Aktivität des Muskels bewirkt eine Verkürzung der Muskellänge, es findet Bewegung statt, der Muskel überwindet Bewegungswiderstände. Beuger bewirken Beugung, Strecker bewirken Streckung.

— ***Exzentrische Kontraktion:*** Der aktive Muskel wird durch äußere Kräfte/Momente (Antagonisten, äußere Krafteinwirkungen) gedehnt, der Muskel arbeitet nachgebend. Gegen die Aktivität der Beuger (Strecker) wird gestreckt (gebeugt).

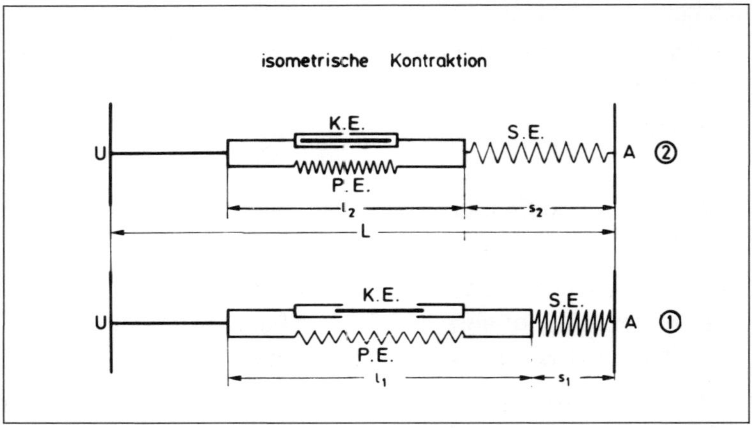

Abb. 50 Isometrische Kontraktion

Um die Kontraktionsart zu bestimmen, ist es erforderlich,

— die Aktivität des Muskels festzustellen
— die Änderung oder Konstanz der Muskellänge zu bestimmen.

Ohne die gleichzeitige Kenntnis beider Größen kann die Kontraktionsart nicht näher charakterisiert werden. Insbesondere ist es nicht möglich, allein aus der Gelenkwinkeländerung auf die Muskelkontraktion zu schließen.

Hinweis

In der Biomechanik kann die muskuläre Aktivität des Muskels mit der ***Elektromyografie*** (s. Kap. 3.2.5) bei sportlichen Haltungen und Bewegungen bestimmt werden. Die Bestimmung der aktuellen Längenänderung des Gesamtmuskels erfolgt auf der Basis von ***Gelenkwinkelmessungen*** und zusätzlicher ***trigonometrischer*** Berechnungen.

Muskelkraft und Muskellänge

Die von der Sehne auf den Ansatz des Muskels übertragene Kraft bezeichnet man als Muskelkraft. Im ***statischen*** Fall ist die Muskelkraft gleich der Summe der vom aktiven kontraktilen Element und der vom (passiven) parallel-elastischen Element entwickelten Kräfte. Wie in *Abb. 51a* dargestellt, nimmt die Kraft des P. E. ab einer gewissen Länge des Muskels von Null aus kontinuierlich zu. Die Kraft des kontraktilen Elements K. E. dagegen entwickelt bei einer gewissen mittleren Länge, der Ruhelänge, ihre maximale Kraft.

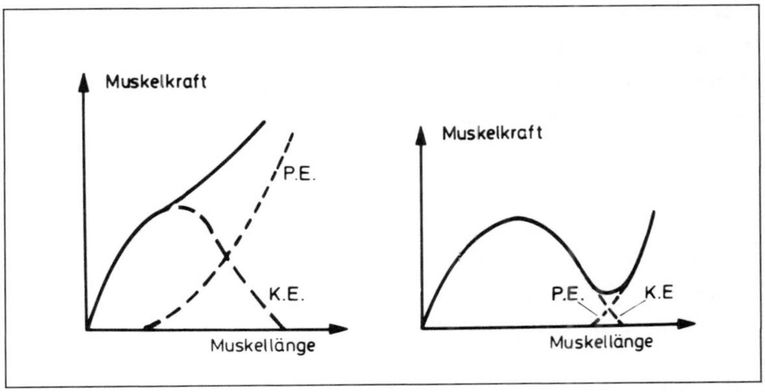

Abb. 51 Parallel-elastisches und aktives kontraktiles Element bei der statischen Muskelarbeit

Bei geringerer oder größerer Muskellänge nimmt diese Kraft geringere Werte an. Die Summe der beiden Kräfte ist die durchgezogene Linie. Man kann sich klarmachen, daß eine maximale Verlängerung des Muskels — soweit sie bei extremer Gelenkstellung möglich ist — dazu führt, daß die gesamte Muskelkraft durch das P. E. repräsentiert wird und eine willkürliche Kontraktion des Muskels kaum noch möglich ist (Überdehnung des Muskels). In *Abb. 51b* ist der Fall dargestellt mit geringem Anteil an Bindegewebe im Muskel und entsprechend geringem Anteil des P. E. an der Gesamtkraft.

Muskelkraft und Geschwindigkeit

Geht man von der oben dargestellten statischen Arbeitsweise zu **dynamischer** Muskelarbeit über, dann bewirkt die Muskelkraft Bewegungen, die zu einer Längenänderung des Muskels führen. (Für den zeitlichen Ablauf spielt jetzt das S. E. eine Rolle; die am Ansatz meßbare Muskelkraft folgt mit zeitlicher Verzögerung der durch K. E. und P. E. entwickelten Kraft.) Die Muskelkraft hängt nun ab von der Geschwindigkeit der Längenänderung des Muskels, d. h. von der Bewegungsgeschwindigkeit. Je größer die erforderliche Muskelkraft ist (z. B. bei zunehmender Last beim Anheben), desto geringer wird die Bewegungsgeschwindigkeit. Der Zusammenhang zwischen Kraft und Geschwindigkeit ist in *Abb. 52* dargestellt. Der rechte Kurvenast repräsentiert die konzentrische Kontraktion, der linke die exzentrische Kontraktion, bei der der aktive Muskel gedehnt wird. Ersichtlich kann die unter isometrischen Bedingungen

($v = 0$) gemessene Maximalkraft F_{max} bei exzentrischer Kontraktion noch überschritten werden. (Das ist etwa der Fall beim sogenannten plyometrischen Training durch kurzzeitiges Abbremsen des Körpers beim Niederspringen.)

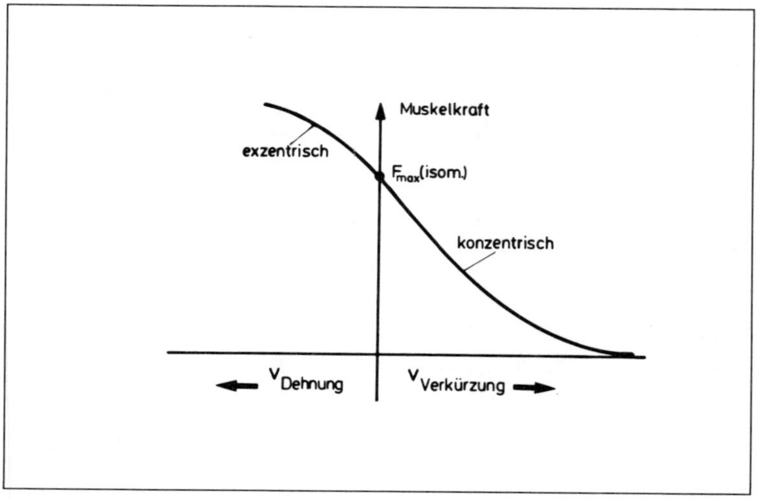

Abb. 52 Zusammenhang zwischen Kraft und Geschwindigkeit bei dynamischer Muskelarbeit

Mit der Kraft-Geschwindigkeitskurve ist auch die Muskelleistung bestimmt, die ja als Produkt aus Kraft und Geschwindigkeit definiert ist. Dabei ergibt sich, daß auch die Muskelleistung im Falle exzentrischer Kontraktion am größten ist.

Muskelkraft und Muskelquerschnitt

Die von einem Muskel maximal zu entwickelnde Kraft hängt ab vom (physiologischen) Querschnitt der Muskulatur. Deshalb kann man den Zuwachs an Muskelkraft in grober Näherung aus dem Zuwachs an Querschnitt (über den Umfang berechenbar) ermitteln. Als Näherungswert gilt: je cm^2 Muskelquerschnitt können 50—100 N an Muskelkraft entwickelt werden. Ein Muskel von 100 cm^2 Querschnitt kann demnach eine Kraft von maximal 10000 N aufbringen.

Hebelarme der Muskulatur

Von wesentlicher Bedeutung für die Wirkung der Muskelkraft

auf ein Gelenk ist das ***Moment der Muskelkraft.*** Dieses ist definiert als

Moment der Muskelkraft = Muskelkraft · Hebelarm

wobei der Hebelarm des Muskels gleich ist dem senkrechten Abstand der Wirkungslinie der Muskelkraft von der betrachteten Gelenkmitte *(Abb. 53).*

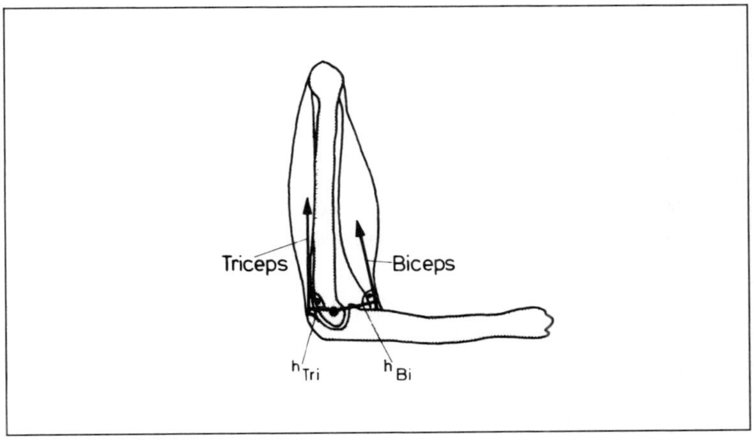

Abb. 53 Hebelarm des Muskels

Je größer der Hebelarm bei gleicher Muskelkraft ist, desto größer ist das Moment der Muskelkraft.

Die Bestimmung der Hebelarme ist bisher nur für wenige Muskeln mit brauchbarer Genauigkeit möglich. Hinzu kommt, daß die Hebelarme mit der Winkelstellung des Gelenks variieren.

Für die Hauptmuskeln der unteren Extremität sind die Längen der Hebelarme etwa 40—50 mm (Kniestrecker, Fußstrecker) bzw. 25 mm (Fußbeuger).

Aufgabe 8

Bitte beantworten Sie die folgenden Fragen:

1. *Was sagt das „Prinzip der funktionellen Anpassung“ aus?*
2. *Was versteht man unter dem passiven Bewegungsapparat?*
3. *Was versteht man unter dem aktiven Bewegungsapparat?*
4. *Welche mechanischen Eigenschaften des passiven Bewegungsapparates sind von Interesse?*
5. *Aus welchen modellmäßigen Elementen ist der Muskel aufgebaut?*
6. *Welche Kontraktionsarten des Muskels gibt es?*
7. *Welche Messungen muß man zur Bestimmung der Kontraktionsart vornehmen?*
8. *Von welchen Größen hängt die Muskelkraft ab?*
9. *Unter welchen Bedingungen entwickelt ein Muskel seine maximale Kraft?*
10. *Welche Kraft kann pro cm^2 Muskelquerschnitt erzeugt werden?*
11. *Was versteht man unter dem Hebelarm der Muskelkraft?*

3. Biomechanische Meßmethoden

Einführung

Jede biomechanische Untersuchung ist an die Bestimmung mechanischer Größen gebunden, die als meßbare Eigenschaften des menschlichen Körpers und seiner Bewegungen gegeben sind. Daher stellt die physikalische Meßtechnik in ihrer Anwendung auf den menschlichen Körper einen grundlegenden und wesentlichen Teil der biomechanischen Arbeitsmethoden dar.

Hinweis →

Einer Einführung in Grundbegriffe des Messens folgt eine Übersicht über die biomechanischen Meßmethoden. Daran schließt sich eine ausführlichere Beschreibung einzelner Verfahren und Geräte an. Im Rahmen dieser Darstellung können dabei nur die wichtigsten Methoden in einfacher Form behandelt werden.

3.1 Allgemeine Grundlagen

3.1.1 Grundbegriffe

Überblick

Eine physikalische Größe messen heißt, sie mit einer als ***Einheit*** gewählten Größe gleicher Art ins Verhältnis setzen. Der sich bei diesem Vergleich ergebende Zahlenwert gibt an, wie oft die Einheit in der zu messenden Größe enthalten ist:

$$\frac{\text{physikalische Größe}}{\text{Einheit}} = \text{Zahlenwert}$$

Der Wert der physikalischen Größe (Meßwert) ist demnach gegeben durch das Produkt aus Zahlenwert und Einheit,

$$\text{physikalische Größe} = \text{Zahlenwert} \cdot \text{Einheit},$$

wobei der erste Faktor den Betrag der Größe, der zweite die Größenart oder Dimension ausdrückt.

Beispiel: Sprungweite = 6,5 Meter

Sämtliche Geräte und Hilfsmittel, die zur Bestimmung des Werts einer Meßgröße erforderlich sind, bezeichnet man als ***Meßeinrichtung.*** Diese besteht im allgemeinen Fall aus einem Meßgrößenwandler (Geber), einem Meßwertwandler (z. B. Verstärker) und einem Anzeige- bzw. Registriergerät.

Anzeige- bzw. ***Registriergeräte*** bilden das Ende der Meßkette und dienen zur fortlaufenden Anzeige und/oder zur Registrierung der Meßwerte. Die Anzeige wird nur bei Einzelwerten, bei zeitlich konstanten oder langsam veränderlichen Meßgrößen angewandt. Schnell veränderliche Meßgrößen werden in der Regel gespeichert. Nach der Form der Anzeige bzw. Registrierung unterscheiden wir analoge und digitale Meßeinrichtungen.

Eine ***analoge*** Anzeige/Registrierung folgt kontinuierlich der Änderung der Meßgröße, sie entspricht in jedem Augenblick dem Meßwert, ist dem Meßwert analog. Beispiele sind: Zeigerinstrumente, Schreiber, Oszillographen, Magnetbandgeräte.

Eine ***digitale*** Anzeige stellt den Meßwert in Form von Ziffern dar. Bei veränderlichem Meßwert ändert sich die Anzeige in Sprüngen, die der Einheit der letzten dargestellten Ziffer entsprechen. Die Anzeige und Registrierung erfolgen nicht kontinuierlich. Beispiele sind: Digitaluhr, Zähler, Ziffernanzeige. Digitale Registriergeräte speichern die Meßwerte numerisch als ausgedruckte Ziffernfolge in Druckern oder in verschlüsselter Form auf mechanischen oder elektronischen Datenträgern wie z. B. auf Lochstreifen und Lochkarten oder digitales Magnetband und Magnetplatte.

3.1.2 Eigenschaften von Meßverfahren

Einführung

Jedes Meßverfahren wird verwirklicht über eine aus einzelnen Geräten und Hilfsmitteln zusammengesetzte Meßeinrichtung, auch ***Meßkette*** genannt. Die Wahl der Meßeinrichtung für einen bestimmten Meßzweck hängt sowohl von den Eigenschaften der Meßeinrichtung selbst als auch von den Erfordernissen der Meßaufgabe ab. Dabei gilt als Grundsatz des ökonomischen Messens, daß die zu messenden Größen mit der gerade erforderlichen Genauigkeit bestimmt werden. Jede Steigerung der Meßgenauigkeit über dieses Maß hinaus bedeutet in der Regel unnötigen Mehraufwand an Zeit und Kosten.

Problemstellung

Zur Beurteilung der Eignung von Meßverfahren dienen folgende Eigenschaften:

a) den Gesamtfehler der Messung betreffend
   - Meßfehler
   - Grad der Rückwirkung

b) den Meßzweck betreffend:
- Informationszeitpunkt
- Möglichkeit der Fernmessung
- personeller und materieller Aufwand

Meßfehler

Auswertung 1. Aspekt

Jede Messung einer physischen Größe ist fehlerhaft und ein Meßergebnis ist nur dann brauchbar, wenn auch der Meßfehler bekannt ist. Je nach Fehlerursache unterscheidet man systematische und zufällige Fehler.

Systematische Fehler werden verursacht durch Funktions- und Skalierungsfehler der Meßgeräte, die einen konstanten Einfluß auf das Meßergebnis haben. Die beherrschbaren systematischen Fehler werden durch eine Korrektur des Meßergebnisses beseitigt. Läuft beispielsweise eine Uhr zu schnell, dann werden alle damit gemessenen Zeitintervalle mit einem entsprechenden Faktor multipliziert, in diesem Falle verkleinert. In gleicher Weise werden die mit einem falsch geeichten Längenmaßstab ermittelten Meßergebnisse korrigiert. Kennt man hingegen den systematischen Fehler nicht genau, dann wird er grob abgeschätzt, meist durch Angabe des größtmöglichen Fehlers. Diese — nicht beherrschbaren — systematischen Fehler werden in der Fehlerrechnung behandelt, die ohnehin für alle zufälligen Fehler durchzuführen ist.

Zufällige Fehler sind bedingt durch unbekannte zufällig schwankende Einflüsse wie persönliche Fehler beim Einstellen und Ablesen von Skalen oder auch äußere Einwirkungen wie mechanische Erschütterungen, Schwankungen der Versorgungsspannung oder Temperaturschwankungen. Zufällige Fehler verursachen eine Streuung der Meßwerte um einen Mittelwert. Dieser Mittelwert liegt dem wahren Wert der Meßgröße um so näher, je häufiger die Messung — natürlich unter stets gleichen Bedingungen — durchgeführt wird. Die durch die zufälligen Fehler gegebene Meßunsicherheit läßt sich demnach durch häufige Wiederholung der Messung verkleinern.

Der Meßfehler bzw. die Meßunsicherheit sind stets im Ergebnis anzugeben, es sei denn, die benutzten Meßverfahren sind standardisiert und ihre Meßunsicherheit kann als bekannt vorausgesetzt werden.

Die Angabe des Fehlers der Größe x kann erfolgen

als absoluter Fehler: Δx

als relativer Fehler: $\frac{\Delta x}{x}$

als relativer Fehler in %: $\frac{\Delta x}{x} \cdot 100$

Über die Güte einer Messung sagt nur der relative Fehler etwas aus. Mißt man etwa Zeiten mit von Hand ausgelösten mechanischen Stoppuhren, dann kann die Meßunsicherheit leicht $\pm$ 1/10 Sekunde betragen. Der absolute Meßfehler ist dann $\Delta t = \pm\ 0{,}1$ s. Mißt man damit die 400-m-Laufzeit, die etwa 45 s betrage, dann ergibt sich ein relativer Fehler von

$$\frac{\Delta t}{t} = \frac{\pm\ 0{,}1\ \text{s}}{45\ \text{s}} = \pm\ 0{,}0022 \text{ oder von } \pm\ 0{,}22\,\%$$

Die Flugzeit einer gestoßenen Kugel, die ungefähr 1,5 s beträgt, kann bei gleichem absolutem Fehler nur mit dem relativen Fehler von $\frac{\Delta t}{t} = \frac{\pm\ 0{,}1\ \text{s}}{1{,}5\ \text{s}} = \pm\ 0{,}067$ oder $\pm$ 6,7 %, also wesentlich ungenauer bestimmt werden.

Grad der Rückwirkung

2. Aspekt

Unter Rückwirkung versteht man einen durch die Messung auf das Meßobjekt im Sinne einer Verfälschung des zu messenden Zustands oder Vorgangs wirkenden Einfluß. Soll bei biomechanischen Messungen der Meßvorgang das Verhalten des Meßobjekts nicht beeinflussen, also z. B. keine meßbaren Veränderungen des Bewegungsablaufs verursachen, dann sind sowohl physische als auch psychische Störeinflüsse zu beachten.

Bezüglich der physischen Komponente ist zu fordern, daß neben der Einhaltung normaler Umgebungsbedingungen (insbesondere der Lichtverhältnisse) jene Teile der Meßapparatur, die an der Versuchsperson selbst angebracht werden, keine gewichtsmäßige Belastung darstellen und außerdem die volle Beweglichkeit der Versuchsperson nicht beeinträchtigen. Das gilt auch für Zuleitungen bei drahtgebundener Meßwertübertragung.

Als kaum kontrollierbar indessen erweisen sich die Rückwirkungen der Laborsituation auf das psycho-physiologische Verhalten des Probanden, z. B. auf seine Leistungsbereitschaft. Über subjektive Empfindungen kann das Ausmaß der Beeinflussung nur sehr grob abgeschätzt werden. Lediglich im Bereich einer relativ stabilen Leistungsfähigkeit — die meist mit einem hohen motorischen Fertigkeitsniveau gekoppelt ist — kann die gemessene Gesamtleistung als verläßlicher Hinweis für die veränderte Leistungsbereitschaft herangezogen werden. Es ist offensichtlich, daß diesem Problem bei der Analyse und der Interpretation fein differenzierter Bewegungstechniken, wie etwa im Hochleistungssport, besondere Beachtung zu schenken ist.

Informationszeitpunkt

3. Aspekt

Je nach dem Zweck der Messung muß das Meßergebnis entweder zeitgleich mit dem Meßvorgang verfügbar sein oder es kann zeitversetzt vorliegen, d. h. eine mehr oder minder große Zeitspanne zwischen Messung und Vorliegen des Meßergebnisses kann toleriert werden, ohne den Meßzweck zu verfehlen. Dauert die Auswertung und Erstellung der Meßergebnisse einen oder mehrere Tage, dann können die Ergebnisse zur fortlaufenden Kontrolle des Trainings und entsprechender Korrekturen der inhaltlichen und zeitlichen Trainingsplanung verwendet werden.

Im sportlichen Training dient das Meßergebnis häufig zur Bewertung und Korrektur einer Bewegungsausführung. Soll das Ergebnis in der Trainingseinheit noch verfügbar sein, dann muß es zeitlich in der Größenordnung von Stunden vorliegen. Wird das Meßergebnis in Zusammenhang gebracht mit dem subjektiven Empfinden des Athleten, dann muß das Ergebnis innerhalb weniger Sekunden vorliegen. Dient die Messung schließlich zur fortlaufenden Kontrolle und Steuerung während der Bewegung durch den Athleten selbst, dann muß das Meßergebnis praktisch zeitgleich mit der Messung für den Athleten wahrnehmbar sein.

Möglichkeit der Fernmessung

4. Aspekt

In allen Fällen, in denen die Anzeige bzw. Registrierung der Meßgröße nicht am Ort der Messung vorgenommen werden kann, sind die Meßwerte über eine gewisse Distanz zu übertragen. Dann liegt eine Fernmessung vor. Sie ist häufig erforderlich bei sportlichen Bewegungen, deren Meßgrößen simultan, d. h. gleichzeitig mit der Ausführung erfaßt werden müssen. In der Biomechanik sind fast ausschließlich elektrische Fernmeßverfahren üblich. Fernmeßverfahren sind an die Möglichkeit gebunden, die mechanische Meßgröße in eine elektrische Größe zu wandeln, die dann zum Anzeige- bzw. Registriergerät übertragen wird. Dies kann einmal erfolgen durch elektrische Leitungen (drahtgebundene Telemetrie) oder mit Hilfe elektromagnetischer Strahlung (drahtlose Telemetrie). Die Wahl drahtloser oder drahtgebundener Verfahren hängt u. a. ab von den physikalischen Bedingungen Distanz und Geschwindigkeit des Objekts sowie von der Anzahl, der Genauigkeit und dem Frequenzbereich der zu übertragenden Größen, dem Grad der Rückwirkung auf das Meßobjekt und schließlich von wirtschaftlichen Erwägungen.

Personeller und materieller Aufwand

5. Aspekt

Der materielle Aufwand, besonders die Gerätekosten, wachsen meist überproportional mit zunehmender Genauigkeit und Komfort der Messung; die laufenden Kosten werden nach dem Umfang der Meßaufgabe proportional verändert. Je einfacher die Meßeinrichtung aufgebaut ist, desto weniger muß auf geschulte Fachkräfte zurückgegriffen werden. Im allgemeinen erfordern komplexe Meßaufgaben in der Biomechanik einen erheblichen personellen und materiellen Aufwand.

Aus diesen Gründen erscheint einerseits eine zentralisierte Nutzung von Untersuchungsstellen zweckmäßig sowie andererseits die Entwicklung biomechanischer Prüfverfahren erforderlich, die unter Konzentrierung auf wesentliche Meßgrößen Meßsicherheit und Bedienungskomfort so weit bieten, daß in der Praxis ohne hohen Personalaufwand fortlaufende Untersuchungen durchgeführt werden können.

3.1.3 Einteilung der biomechanischen Meßverfahren

Überblick

Die biomechanischen Meßverfahren werden eingeteilt nach der Art der gemessenen Größen. So bezeichnet man die Verfahren zur Bestimmung der kinematischen Größen Länge und Zeit sowie der daraus ableitbaren Größen als ***kinemetrische*** Verfahren (s. a. Übersicht: Kinematische Größen, S. 13ff.).

Die Verfahren zur Bestimmung der dynamischen Größe Kraft sowie der daraus ableitbaren Größen nennt man ***dynamometrische*** Verfahren (s. a. Übersicht: Dynamische Größen, S. 62ff.).

Die Bestimmung von Körperbaumerkmalen u. a. von Körperschwerpunkt und Massenträgheitsmoment erfolgt in der ***biomechanischen Anthropometrie.***

Die Erfassung der muskulären Aktivität über die Messung der Muskelaktionspotentiale ist die Aufgabe der ***Elektromyografie.*** Ein Schema des Zusammenwirkens der vier Säulen der biomechanischen Meßtechnik im Rahmen unterschiedlicher Aufgabenbereiche zeigt die folgende Übersicht.

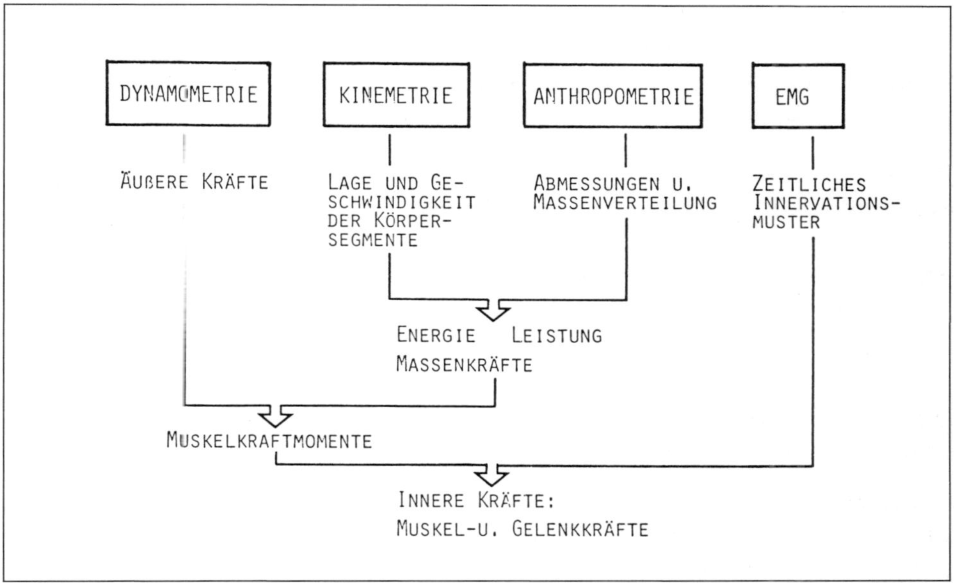

Innerhalb der vier Verfahrensgruppen kann man noch nach dem Meßprinzip unterscheiden: ***mechanische, elektrische*** und ***optische*** Verfahren.

Die mechanischen Verfahren sind in der Regel nur zur Messung zeitlich konstanter Größen geeignet (z. B. Längenmessung mit Maßband, Gewichtsbestimmung mit Waage), dabei jedoch einfach, robust und kostengünstig.

Bei den elektrischen Meßverfahren werden die mechanischen Größen in elektrische Größen umgewandelt. Vorteile sind die Möglichkeit der Messung schnell veränderlicher Größen, die schnelle Ergebnisausgabe sowie die vielfältigen Möglichkeiten der Meßwertübertragung, Darstellung und Registrierung sowie der Anpassung an elektronische Datenverarbeitungsgeräte. Diesen Vorteilen stehen i. a. ein größerer Aufwand und ein höherer Grad an Rückwirkung gegenüber. Mechanische und elektrische Verfahren bezeichnet man als direkte Meßverfahren, da sie unmittelbar die Meßgröße ergeben.

Die optischen Verfahren benutzen sämtlich die optische Abbildung des Objekts. Die eigentliche Messung wird am Bild — einem Modell des Originals — vorgenommen. Die meisten optischen Verfahren (Film, Video) erlauben eine rückwirkungsfreie Registrierung von Bewegungen, erfordern aber einen hohen Zeitaufwand zur Auswertung.

Hinweis ←

Auf die mechanischen Verfahren wird — außer in der biomechanischen Anthropometrie — nicht eingegangen. Stoppuhr, Maßband und Waage sind allgemein bekannte Meßinstrumente.

Aufgabe 9

Bitte beantworten Sie die folgenden Fragen:

1. *Nach welchen Kriterien beurteilt man ein Meßverfahren?*
2. *Welchen Einfluß auf das Ergebnis haben systematische Fehler?*
3. *Welchen Einfluß auf das Ergebnis haben zufällige Fehler?*
4. *Wie kann man den Einfluß zufälliger Fehler reduzieren?*
5. *Was versteht man unter Rückwirkung eines Meßverfahrens?*

3.2 Einzelmeßverfahren

3.2.1 Biomechanische Anthropometrie

Überblick

In der biomechanischen Anthropometrie werden Meßverfahren zusammengefaßt, die die folgenden mechanischen Eigenschaften des Bewegungsapparates bestimmen lassen:

— Längenmaße der herkömmlichen Anthropometrie (Gliederlängen, Umfänge u. a.)
— geometrische Verteilung der Masse (Lage des Körperschwerpunktes, Massenträgheitsmomente)
— innere Geometrie des Bewegungsapparates (Gelenkkonstruktion, Lage der Gelenkachsen, Hebelarme der Muskulatur, Muskellängen)
— Festigkeitseigenschaften der Komponenten des Bewegungsapparates (Elastizität, Verformung, Bruchgrenze u. a.).

Problemstellung

Von diesen Verfahren werden hier nur jene behandelt, die zur Ermittlung der Lage des Körperschwerpunktes (KSP) dienen. Die Kenntnis der Lage des KSP ist für viele biomechanische Analysen und deren Interpretation von grundlegender Bedeutung.

Auswertung

Die Lage des Körperschwerpunkts ist abhängig von der gegenseitigen Lage sämtlicher Körpersegmente und deshalb für unterschiedliche Haltungen verschieden. Darüber hinaus hängt sie von den individuell unterschiedlichen Proportionen und Massenverteilungen der betrachteten Versuchspersonen ab. Die Bestimmung der Lage des KSP kann experimentell oder analytisch erfolgen.

Experimentelle Methode

1. Methode

Bei dieser Methode geht man davon aus, daß ein Körper im Schwerefeld der Erde im Gleichgewicht (Ruhe) gehalten werden kann, wenn man die Wirkung der in seinem Schwerpunkt angreifenden Gewichtskraft durch entsprechende Lagerung oder Aufhängung kompensiert. Das im allgemeinen dreidimensionale Problem der Schwerpunktlage wird meist auf ein zweidimensionales (Sagittalebene des Körpers) oder ein eindimensionales Problem (Schwerpunkthöhe auf der vertikalen Körperlängsachse) reduziert.

Schwerpunkthöhe

Die Bestimmung der Schwerpunktslage auf der Längsachse des Körpers in Ruhestellung mit herabhängenden Armen ist ein relativ einfaches Problem. In *Abb. 54* ist die Meßanordnung schematisch dargestellt. Der Proband liegt in der (gegenüber dem aufrechten Stand um 90° verdrehten) Körperhaltung auf einem Brett, welches auf zwei keilförmigen Stützen horizontal gelagert ist. Das linke Lager bezeichnen wir mit D. Das rechte Lager ist durch eine Waage unterstützt, die die dort auftretende Lagerkraft A messen kann (es genügt eine genaue Personenwaage). Im Körperschwerpunkt greift die Gewichtskraft G an, und zwar im Abstand x_S vom linken Lager D. Der gesamte Abstand von D zu A ist mit l bezeichnet.

Im Gleichgewicht gilt folgende Bedingung: Bezüglich des möglichen Drehpunkts D muß die Summe der Momente aus der Gewichtskraft G und aus der Lagerkraft A gleich Null sein, d. h.

$$G \cdot x_S - A \cdot l = 0$$

$$x_S = \frac{A}{G} \cdot l$$

Wenn die Gewichtskraft G bekannt ist, hat man durch diese Messung x_s die Körperschwerpunkthöhe bestimmt.

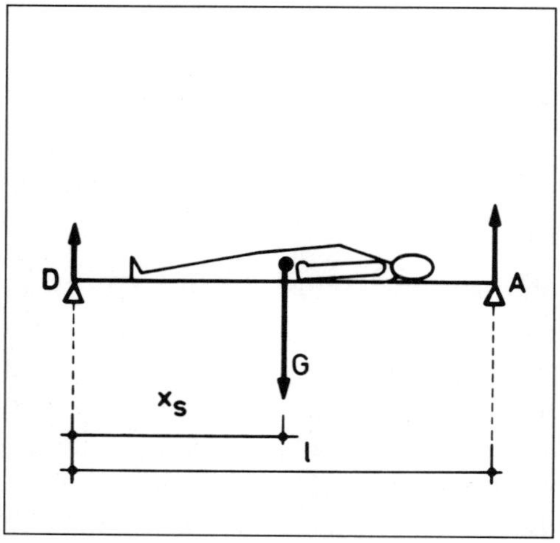

Abb. 54 Bestimmung der Schwerpunktslage auf der Längsachse des Körpers

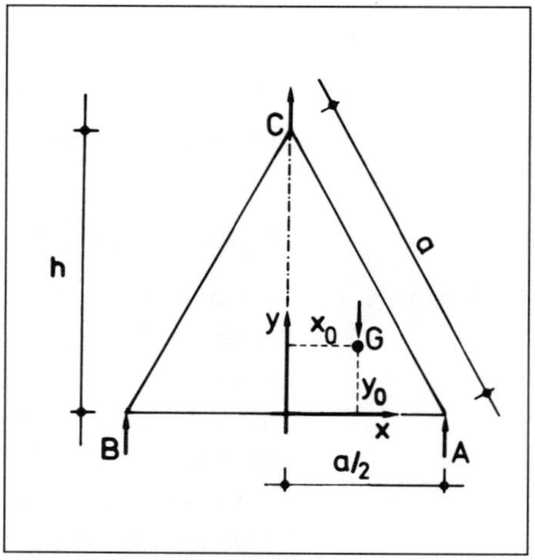

Abb. 55 Bestimmung der Schwerpunktslage in der Sagittalebene

Schwerpunkt in der (Sagittal)Ebene

Die Bestimmung der Lage des KSP in der Sagittalebene erfordert die Angabe von zwei Koordinaten. Dabei wird der Durchstoßpunkt des Lots durch den KSP in einer horizontalen Ebene bestimmt. Die Meßanordnung ist in Abb. 55 im Grundriß dargestellt. Man verwendet meist eine Platte in Form eines gleichseitigen Dreiecks, die an den Punkten A, B und C gelagert ist. Dabei kann ein Lager, z. B. C ohne Messung der Lagerkraft gewählt werden; in den Punkten A und B sind wiederum Waagen zur Bestimmung der senkrechten Lagerkräfte A und B angebracht. Auf der Platte muß die Versuchsperson die gewünschte Haltung einnehmen, die man z. B. aus Filmbildern ermitteln kann.

Analog zum vorigen Fall gelten dann mit den Bezeichnungen aus *Abb. 55* folgende Gleichgewichtsbedingungen:

$$G\,(h - y_0) - (A + B)\,h = 0$$
$$G \cdot x_0 + B \cdot a/2 - A \cdot a/2 = 0$$

Daraus ergeben sich die Koordinaten des Körperschwerpunktes x_0 und y_0 gemäß

$$x_0 = a/2 \cdot \frac{A - B}{G} \quad (\text{wenn } B > A,\ x_0 < 0)$$

$$y_0 = h \cdot \frac{G - A - B}{G}$$

Bei bekanntem Gewicht G ist durch die Meßwerte A und B die Lage des KSP in der Plattenebene bestimmt.

Diese Meßanordnung bezeichnet man als Körperschwerpunktswaage.

Diskussion

Das Verfahren eignet sich zur Messung der individuell unterschiedlichen, weil von Körperbau, Dichte und Gewebeverteilung abhängigen Körperschwerpunktlage. Die rein meßtechnische Genauigkeit der Lagebestimmung in der Meßebene kann durch eine Kreisfläche von 1 cm Radius beschrieben werden. Entsprechend kann die Schwerpunkthöhe bei sorgfältiger Messung auf ± cm genau bestimmt werden. Eine größere Meßunsicherheit wird jedoch von folgenden Faktoren verursacht:

— ungenaue Einhaltung der vorgegebenen Position (es ist praktisch nicht möglich, komplizierte, räumlich ausgedehnte Haltungen wie etwa die eines Hochspringers beim Überqueren der Latte als Ruhehaltung einzunehmen)

— Verlagerung der Weichteile und der Körperflüssigkeit durch Drehen des Körpers in die Horizontale
— veränderter Muskeltonus (Momentanzustand aus einer Bewegung muß statisch verwirklicht werden, das bedeutet Fixierung vieler Gelenke).

Analytische Methode

2. Methode

Die experimentelle Bestimmung des KSP ist unzweckmäßig oder nicht durchführbar, wenn
— der Proband nicht zur Verfügung steht (z. B. Analyse von Wettkämpfen)
— die Körperhaltungen nur ungenügend oder gar nicht simuliert werden können (z. B. räumliche Haltungen des Hochspringers beim Überqueren der Latte)
— die Anzahl der zu untersuchenden Körperhaltungen sehr groß ist (z. B. Verlauf des KSP über ganze Bewegungsabschnitte hinweg, Bild für Bild).

In all diesen Fällen kann man vorteilhaft analytische Methoden einsetzen. Sämtliche Methoden basieren auf modellmäßigen Annahmen über die Teilmassen und die Lagen der Teilschwerpunkte (TSP) der einzelnen Körperteile.

Es existieren experimentell und mathematisch sehr aufwendige Verfahren zur Gewinnung relativ genauer individueller Daten und weniger anspruchsvolle, die aus statischen Daten eine näherungsweise rechnerische Bestimmung der Lage des KSP für beliebige Körperhaltungen ermöglichen. Letztere sollen im Prinzip hier erörtert werden.

Der KSP wird aus den Teilmassen und den Lagen der Teilschwerpunkte (TSP) der folgenden als starr angenommenen Körperteile berechnet: Kopf, Rumpf, Oberarm, Unterarm, Hand, Oberschenkel, Unterschenkel, Fuß. Das sind insgesamt 14 unterschiedliche Körperteile.

In *Abb. 56* ist eine ebene Körperhaltung dargestellt. Die Aufgabe ist die Bestimmung der Schwerpunkt-Koordination x_{KSP} und y_{KSP} in dem beliebig vorgebbaren x-y-Koordinatensystem. Kennt man die Abstände r_1 der TSP auf den Gliederlängsachsen vom proximalen Gelenk sowie die in den TSP repräsentierten Teilmassen m_1, dann gelten die Momentenbeziehungen bezüglich der x- bzw. y-Achse:

$$m \cdot y_{KSP} = m_1y_1 + m_2y_2 + m_3y_3 + \ldots + m_{14}y_{14}$$
$$m \cdot x_{KSP} = m_1x_1 + m_2x_2 + m_3x_3 + \ldots m_{14}x_{14}$$

Daraus ergeben sich die Schwerpunktkoordinaten:

$$y_{KSP} = {}^1/_m \cdot (m_1y_1 + \ldots + m_{14}y_{14}) = {}^1/_m \sum_{i=1}^{14} m_iy_i$$

$$x_{KSP} = {}^1/_m \cdot (m_1x_1 + \ldots + m_{14}x_{14}) = {}^1/_m \sum_{i=1}^{14} m_ix_i$$

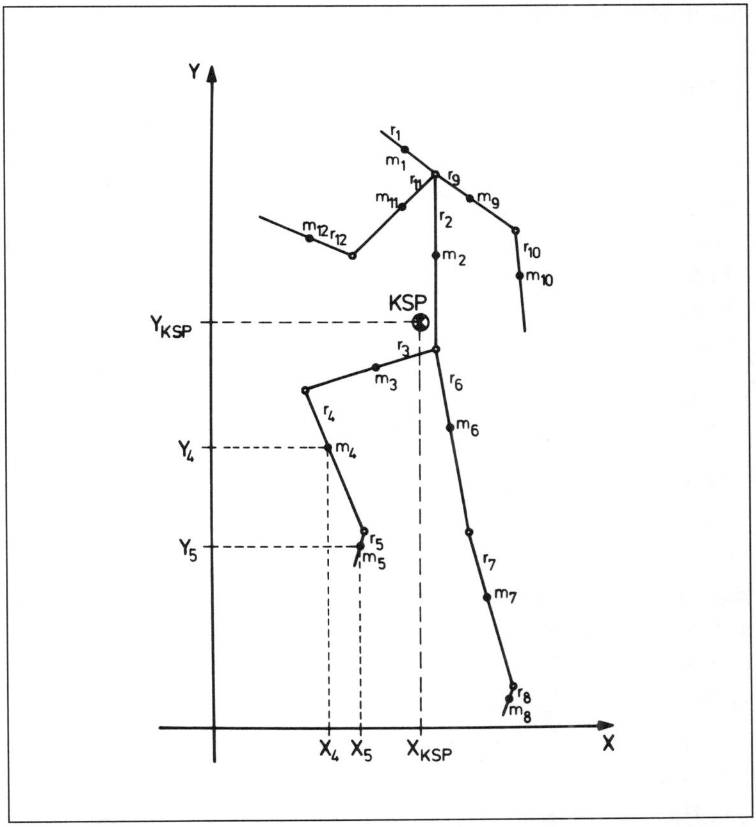

Abb. 56 Berechnung des Körperschwerpunktes aus Teilmassen und Teilschwerpunkten

Macht man die (sehr vereinfachende) Annahme, daß die Proportionen und Massenverteilungen bei allen menschlichen Körpern gleich sind, dann kann man aus der prozentualen Aufteilung der Körpermasse m auf die Teilmassen m_1 sowie aus den relativen Schwerpunktradien (Abstand des TSP vom proximalen Gelenkpunkt in % der Gliederlänge) *näherungsweise* die Lage des KSP für beliebige Körperhaltungen des Probanden berechnen.

Die Gesamtmasse (Körpergewicht) des Probanden muß nicht bekannt sein. Die Lage der TSP ergibt sich aus der durch das Filmbild registrierten Körperhaltung.

Statistische Mittelwerte für die Teilmassen und Schwerpunktradien der einzelnen Segmente sind in folgender Tabelle eingetragen:

Teilmassen und Schwerpunktradien

Segment	m_i in % m	r_i in % l_i
Kopf	7	50
Rumpf	43	44
Oberschenkel	14	44
Unterschenkel	4,5	42
Fuß	2,7	47
Unterarm	1,6	42*)
Hand	0,7	
Kopf und Rumpf	50	
Bein	20	
Arm	5	

*) bezogen auf Unterarmlänge

Hinweis

Bei Anwendung der analytischen Methode ist stets zu beachten, daß nur Näherungswerte für die wahre KSP-Lage zu ermitteln sind, die individuell und sportartspezifisch geprägt davon verschieden sein kann.

Aufgabe 10

Jetzt sollten Sie diese Fragen beantworten können.

1. *Welche Meßgeräte sind erforderlich zur experimentellen Bestimmung des KSP?*

2. *Wieviel % der Körpermasse entfällt durchschnittlich auf Kopf und Rumpf, ein Bein, einen Arm?*

3.2.2 Kinemetrie

Einführung

Die kinemetrischen Verfahren dienen zur direkten oder indirekten Ermittlung der kinematischen Merkmale Weg (Länge) und Zeit sowie der daraus ableitbaren Größen Geschwindigkeit und Beschleunigung. Im Falle von Drehbewegungen werden entsprechende Winkelgrößen bestimmt.

3.2.2.1 Direkte Verfahren

Diese Verfahren liefern unmittelbar die gewünschten Meßgrößen. Hier werden nur elektrische Meßverfahren behandelt. Sie sind vor allem im Training einsetzbar und eignen sich zur Sofort-Information.

3.2.2.1.1 Zeitmessung

Meßzweck: Messungen von Zeitintervallen bei Bewegungen.

Überblick

Meßprinzip: Zeitmessung bedeutet stets die Bestimmung eines Zeitintervalls (Zeitraums, zeitlichen Abstands) zwischen aufeinanderfolgenden, eindeutig definierten Ereignissen im Ablauf von Bewegungen.

In der Praxis stehen zwei unterschiedliche Verfahren zur Verfügung:

1. Die Zeitbestimmung aus kontinuierlich registrierten Größen-Zeitfunktionen. Bei konstanter Geschwindigkeit v des Registrierschriebs beispielsweise entspricht dem Weg s in Vorschubrichtung eine bestimmte Zeitdauer t, die gegeben ist gemäß $t = {}^{s}/_{v}$. Je größer die Vorschubgeschwindigkeit, desto besser ist die zeitliche Auflösung des Vorgangs, desto genauer kann ein durch zwei Zeitpunkte begrenztes Zeitintervall bestimmt werden.
2. Die Zeitbestimmung durch ereignisgesteuertes Starten und Stoppen einer „Uhr". Aus dem Bewegungsablauf werden in kinematisch oder dynamisch eindeutig definierten Phasen elektrische Signale abgeleitet, die als Start- und Stoppimpuls für einen elektrischen Zähler dienen. Die Meßgenauigkeit ist praktisch nur von der exakten Definition und Ableitung der Auslöseimpulse abhängig.

Anwendungsbeispiele

1. Zeitbestimmung aus kontinuierlichen Größen-Zeitfunktionen: **1. Beispiel**

   Es werden Maxima, Minima und Nulldurchgänge der Funktionen oder ihrer zeitlichen Ableitungen als Intervall-Grenzen festgelegt. Bekanntes Beispiel ist die Strukturierung des 100-m-Laufs anhand des Geschwindigkeits-Zeitverlaufs in einen Abschnitt positiver, konstanter und negativer Beschleunigung. Bei einer Kraft-Zeitkurve kann u. a. die Dauer des Bodenkontakts zwischen den beiden Nulldurchgängen der Kraft bestimmt werden oder die Dauer bis zum Erreichen des Kraftmaximums. Bei einer Winkel-Zeitfunktion werden Beugung und Streckung durch die Maxima bzw. Minima der Kurve getrennt und die Dauer der jeweiligen Bewegung kann entsprechend ermittelt werden. Die Dauer vom Beginn einer Streckbewegung bis zum Erreichen der maximalen Streckgeschwindigkeit ist gegeben durch das Intervall zwischen Maximum (Minimum) der Winkel-Zeitfunktion und dem Minimum (Maximum) der daraus abgeleiteten Winkelgeschwindigkeits-Zeitfunktion.

2. Zeitbestimmung durch ereignisgesteuerte Auslösung des elektronischen Zählers: **2. Beispiel**

   Der Unterschied zur handbedienten mechanischen Stoppuhr besteht einmal in der Verwendung einer elektronischen, praktisch beliebig genauen Uhr und zum anderen in der Ableitung zeitlich genau definierter elektrischer Start-/Stopp-Signale vom Ereignis — der Bewegung — her.

Für die Ableitung der Start-/Stopp-Impulse kann man folgende Anordnungen unterscheiden:

— ***Kontaktschalter*** oder Berührungsschalter; damit können bei Beginn und am Ende einer Kontaktphase elektrische Signale gewonnen werden. Beispiele: Druckschalter im Schuh, der bei Bodenberührung anspricht; Erschütterungsschalter am Boden, in Geräten, die auf stoßartige Berührung reagieren.

— ***Berührungslose Schalter;*** damit können ohne mechanische Berührung entsprechende Auslösesignale abgeleitet werden. Am bekanntesten sind die Lichtschranken, die bei Unterbrechung eines direkten oder reflektierten Strahlengangs verzögerungsfrei einen Schaltimpuls abgeben. An

Stelle sichtbaren Lichtes kommen vor allem infrarote Strahlen in Frage. Auch Ultraschallschranken sind verwendbar. Ein Sonderfall berührungsloser Schalter ist die Impulsbildung durch einen über eine im Boden eingelegte Leiterschleife bewegten Dauermagneten. Diese Methode hat man z. B. beim Skispringen angewandt.

— ***Schaltimpulsformung*** aus der Zeitfunktion einer Meßgröße. Damit können aus kontinuierlich gemessenen (nicht notwendig registrierten) Meßgrößen aufgrund bestimmter Kriterien wie Nulldurchgang, Maximum, Minimum, Überschreitung bestimmter Schwellenwerte Schaltimpulse abgeleitet werden. Als Meßgrößengeber sind besonders geeignet: Kraftmeßplatten, Winkelmesser, Beschleunigungsmesser, Elektroden zur Ableitung von Muskelaktionspotentialen.

Diskussion

Bewertung: Die Genauigkeit der Zeitbestimmung bei kontinuierlichen Meßgrößenaufzeichnungen hängt von der Geschwindigkeit des Vorschubs und von der eindeutigen Definition des Meßpunkts ab. Bei einer Ablesegenauigkeit von 0,25 cm/s kann man auf $^1/_{1000}$ s genau ablesen.

Die Zeitmessung mit Lichtschranken und elektronischen Zählern ist ein sehr bekanntes Verfahren. Meist wird es zur Ermittlung der mittleren Geschwindigkeit eines Körpers/Körperteils über eine durch zwei Lichtschranken definierte Meßstrecke herangezogen. Eine einfache Anordnung zeigt *Abb. 57*.

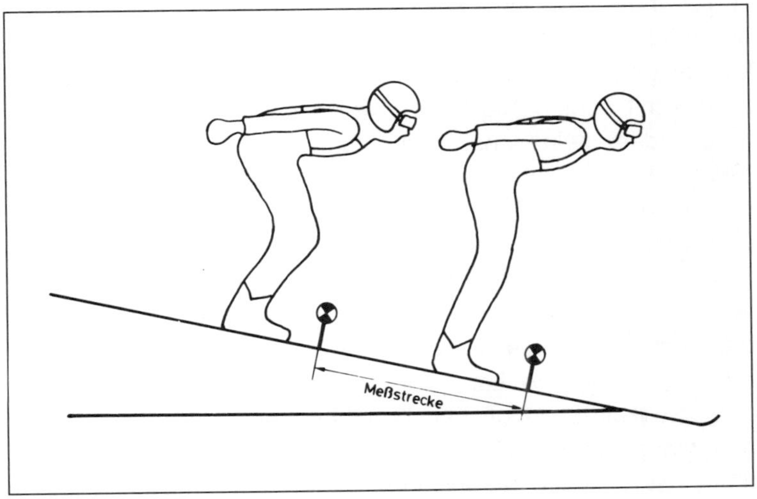

Abb. 57 Zeitmessung mit Lichtschranken

Die folgenden Faktoren müssen jedoch beachtet werden:

— Es muß gewährleistet sein, daß die die Meßstrecke definierenden Lichtschranken von dem bewegten Körper jeweils in der gleichen Haltung unterbrochen werden. Kann die Auslösung von unterschiedlichen Körperteilen oder in veränderter Körperhaltung erfolgen, dann wird die Meßstrecke entsprechend verändert. Der Fehler macht sich insbesondere bei kleinen Meßstrecken bemerkbar.

— Bei sehr kleinen Meßstrecken bzw. bei sehr hohen Bewegungsgeschwindigkeiten machen sich häufig bereits Zeitfehler (der nur mit begrenzter Genauigkeit registrierten Zeit) bemerkbar. Um den Fehler auf ± 1 % zu begrenzen, muß die Zeit zum Durchlaufen der Meßstrecke hundertmal größer sein als der Einheit der letzten angezeigten Stelle entspricht.

Beispiel: Ein Zähler zeigt in der letzten Stelle 1 ms (ms = Millisekunde) an. Die Zeit, die der Körper braucht, um die Meßstrecke zu durchlaufen, muß dann ≥ 100 ms = 0,1 s sein. Ist die Bewegungsgeschwindigkeit 2 $^{m}/_{s}$, dann muß die Meßstrecke mindestens 20 cm lang sein, beträgt die Geschwindigkeit 25 $^{m}/_{s}$, dann müssen die Lichtschranken wenigstens 2,5 m voneinander entfernt sein.

3.2.2.1.2 Winkelmessung

Überblick

Meßzweck: Vorwiegend die Bestimmung von Körperwinkeln, d. h. den Lagebeziehungen zwischen benachbarten Körperteilen.

Meßprinzip: Am häufigsten werden elektrische Drehpotentiometer als Winkelmesser eingesetzt (Elektrogoniometer). Die Winkelstellung des mit der Drehachse verbundenen Abgreifers zu der mit dem Gehäuse fest verbundenen Widerstandswicklung ist dem elektrischen Widerstand zwischen zwei herausgeführten Anschlüssen fest zugeordnet. Dieser Widerstand kann bei Anlegen einer Spannung (Batterie) gemessen werden. Zur Messung von Körperwinkeln werden Achse und Gehäuse mit je einem Hebel fest verbunden. Die beiden Arme werden je parallel zu den Gliederlängsachsen des betrachteten Gelenks ausgerichtet und beispielsweise mit Klebeband, Gummilochband oder dgl. fixiert. Die Lage der Goniometerachse soll dabei mit der Gelenkachse möglichst übereinstimmen. Die Arme des Goniometers folgen den Bewegungen der Körpersegmente und erlauben so eine kontinuierliche Messung des zeitlichen Verlaufs des Gelenkwinkels.

Beispiele

Anwendungsbeispiele: Zweidimensionale, d. h. auf ebene Bewegungen beschränkte Gelenkwinkelmessungen; besonders einfach durchzuführen an Knie- und Ellbogengelenken, da diese Gelenke wenigstens in grober Näherung als Scharniergelenke aufgefaßt werden können. *Abb. 58* zeigt ein Anwendungsbeispiel.

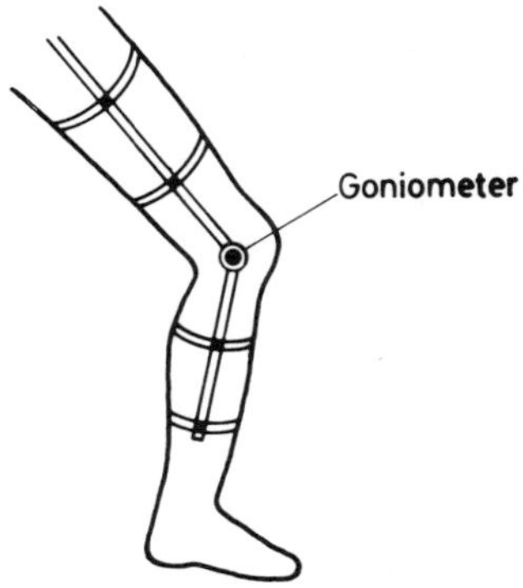

Abb. 58 Gelenkwinkelmessung

Diskussion

Bewertung: Die Winkelmessung mit einem ***Drehpotentiometer*** kann grundsätzlich sehr genau durchgeführt werden (Bruchteile eines Winkelgrads). Die Art der Anbringung und Ausrichtung auf die Gliederlängsachsen ist jedoch nur mit begrenzter Genauigkeit möglich und kann vor allem während der Bewegung relative Verschiebungen zwischen den Goniometerschenkeln und den Gliederlängsachsen sowie zwischen Goniometerachse und Gelenkachse nicht verhindern. Diese Relativbewegungen können vor allem bei heftigen Stößen oder bei zusätzlichen Drehbewegungen etwa um die Längsachse der Glieder erhebliche Verfälschungen der Meßwerte bewirken. Deshalb sollten vor und nach den eigentlichen Messungen stets Kontrollen in definierten Gelenkstellungen vorgenommen werden.

Dreidimensionale Winkeländerungen (Kugelgelenk) können mit entsprechenden mechanischen Anordnungen, die praktisch eine Kombination zweier ebener Winkelmesser darstellen, durchgeführt werden. Bezüglich der aus der mangelhaften Ankopplung an den Körper sich ergebenden Fehler gilt das oben Gesagte.

Die Winkel-Zeitfunktion kann mit analogen elektronischen Differenzierungen simultan differenziert werden, wobei die Winkelgeschwindigkeit praktisch zeitgleich zur Verfügung steht und mit dem zeitlichen Verlauf des Winkels aufgezeichnet werden kann.

Wegen der Trägheit der Meßeinrichtung und der lockeren mechanischen Kopplung an den Körper können dynamische Messungen zweckmäßig nur bis einige 10 Hz vorgenommen werden. Diese Eigenschaften sind im übrigen stark von den Details der Konstruktion abhängig.

3.2.2.1.3 Geschwindigkeitsmessung

Meßzweck: Bestimmung der momentanen Geschwindigkeit des Körpers bzw. von Körperpunkten bei translatorischen Bewegungen. **Überblick**

Meßprinzip: Ein am Körper befestigter Faden wird bei der Fortbewegung von einer drehbar gelagerten Trommel abgespult. Die Drehgeschwindigkeit der Trommel ist der Bewegungsgeschwindigkeit des Körpers proportional und kann durch einen auf der Trommelachse befestigten Drehgeber in eine elektrische Größe gewandelt werden. Bei analogen Drehgebern (z. B. Tachogenerator) liegt am Ausgang eine der Geschwindigkeit proportionale elektrische Spannung an, die als kontinuierliche Geschwindigkeits-Zeitfunktion aufgezeichnet werden kann. Bei digitalen Drehgebern wird die Geschwindigkeit in eine codierte Impulsfolge gewandelt, die unmittelbar einem digitalen Prozeßrechner zur weiteren Verarbeitung zugeführt werden kann.

Eine weitere Möglichkeit, den Geschwindigkeitsverlauf zu messen, besteht in der Ausnutzung des akustischen ***Dopplereffekts.*** Wenn sich eine Schallquelle von einem ruhenden Beobachter weg oder auf ihn zu bewegt, dann ändert sich die am Ort des Beobachters feststellbare Frequenz (Tonhöhe), und zwar proportional zur Geschwindigkeit der Quelle. Bringt man einen solchen Schallsender auf der Brust eines Läufers an, dann kann an dem ruhenden Empfänger über die Frequenzänderung die Geschwindigkeit des sich nähernden Läufers bestimmt werden.

Anwendungsbeispiele: Bestimmung von Laufgeschwindigkeiten auf gerader Bahn, speziell von Anläufen zu Sprüngen, Be- **Beispiele**

stimmung von Schwimmgeschwindigkeiten (nur mit der ***Fadenmethode),*** Bestimmung von Geschwindigkeiten einzelner Körperteile.

Bewertung: Bei der Fadenmethode können leicht Quer- und Längsschwingungen des Fadens angeregt werden, die u. a. vom Fadenmaterial, der abgespulten Fadenlänge, dem umgebenden Medium und den Geschwindigkeitsschwankungen des Objekts abhängen und die das Meßsignal störend überlagern. Bei Messungen im Wasser ist diese Schwingneigung wesentlich geringer, weshalb gerade bei Untersuchungen der Schwimmgeschwindigkeit diese Methode mit Vorteil anzuwenden ist. Es können Meßgenauigkeiten bis zu weniger als ± 0,05 m/s erreicht werden.

Die Methode auf der Basis des akustischen Dopplereffekts kann im allgemeinen auch für größere Distanzen eingesetzt werden. In Innenräumen können störende Reflexionen auftreten, im Freien wird die Genauigkeit der Messung von Luftbewegungen und Temperaturschwankungen beeinträchtigt. Im allgemeinen kann die Meßunsicherheit unter ± 0,1 m/s gehalten werden.

Beide Methoden sind nicht rückwirkungsfrei. Sie sind zur quasisimultanen Information geeignet.

3.2.2.1.4 Beschleunigungsmessung

Überblick

Meßzweck: Bestimmung des Beschleunigungs-Zeitverlaufs von Körperpunkten.

Meßprinzip: Ausgehend vom Newtonschen Gesetz: Kraft = Masse · Beschleunigung wird die bei einer Beschleunigung a auf die Masse m wirkende Kraft $F = m \cdot a$ zur Verformung eines Federelementes benutzt. Die Verformung wird mittels Dehnungsmeßstreifen oder über den piezoelektrischen Effekt in eine analoge elektrische Größe umgewandelt. Derartige Meßelemente werden als Beschleunigungsgeber, Beschleunigungsaufnehmer oder ***Beschleunigungsmesser*** bezeichnet. Sie sind als ein- und dreidimensional empfindliche Geräte in großer Vielfalt der Meß- und Frequenzbereiche im Handel.

Beispiele

Anwendungsbeispiele: Messung des Beschleunigungsverlaufs einzelner Körperpunkte beispielsweise der Hand des Kugelstoßers oder Speerwerfers, des Boxers oder des Karatekämpfers, Messung des Beschleunigungsverlaufs von

Geräten, z. B. von Booten, von Speer und Hammerkopf, von Hanteln beim Gewichtheben und im Krafttraining. Aus dem Beschleunigungsverlauf läßt sich durch einfache zeitliche Integration auch der Geschwindigkeitsverlauf ableiten (bis auf einen konstanten Faktor), aus Beschleunigung und Geschwindigkeit einer bekannten Masse läßt sich die momentane Leistung berechnen. Schließlich kann bei bekannter Masse aus der Beschleunigung sehr einfach auch die verursachende Kraft ermittelt werden.

Hinweis ←

In Anbetracht der Vielfalt der möglichen Anwendungen erscheint es notwendig, auf einige Probleme bei der Beschleunigungsmessung hinzuweisen:

1. Das Koordinaten-System des Beschleunigungsaufnehmers ist körperfest aber nicht raumfest. Das heißt, die Richtung der ein- oder auch dreidimensional gemessenen Beschleunigung ist nur definiert bezüglich des Körperteils, an dem er angebracht ist. Es sind also zusätzliche Informationen über die momentane Orientierung der Meßelemente notwendig, z. B. aus gleichzeitig aufgenommenen Filmbildern. Diese Zusatzinformation ist nicht notwendig, wenn der Beschleunigungsaufnehmer eine geführte Bewegung mit bekannter Raumorientierung ausführt, z. B. beim Drücken eines Gewichts in einer Führung.
2. Der Meßwert ist abhängig von der Orientierung des Aufnehmers zur vertikalen, in der die Erdbeschleunigung wirkt.
3. Die Anbringung der Aufnehmer am Körper ist mechanisch nicht eindeutig und reproduzierbar festgelegt. Bei Befestigung auf der Haut wird der Aufnehmer bereits durch Muskelanspannungen in der Nähe der Befestigungsstelle beeinflußt. Die lockere Kopplung zwischen Haut und Skelettsystem bewirkt darüber hinaus Amplitudendämpfung und Phasenverschiebungen. Bei harten Stößen werden zusätzlich Schwingungen angeregt.

Diskussion

Bewertung: Die Verwendung von Beschleunigungsaufnehmern ist dann sinnvoll, wenn durch Vorgabe oder Kontrolle die räumliche Orientierung der Meßelemente bekannt ist und außerdem durch sorgfältige Befestigung z. T. auf großflächigen Trägerlamellen eine zufriedenstellende Reproduzierbarkeit der Ankopplung erreicht wird. Bei den damit meßbaren Bewegungen sollten harte Stöße an dem zu messenden Körperteil und auch am benachbarten Körperteil vermieden werden.

Man kann den Beschleunigungsmesser auch bei stoßartigen Beschleunigungen einsetzen, wenn es darauf ankommt, den Kontaktbeginn exakt festzulegen. Der Beschleunigungsaufnehmer reagiert mit einem steilen Signalanstieg auf Stöße. Beispiele: Fußballstoß, Tennisschläger, Golfschläger.

Der nutzbare Frequenzbereich wird hier nur durch die mechanische Ankopplung begrenzt, kann aber für aktive Willkürbewegungen als ausreichend abgeschätzt werden. Beschleunigungsaufnehmer auf Dehnungsmeßstreifenbasis sind i. a. direkt an drahtlose Telemetriegeräte anschließbar.

3.2.2.2 Optische Verfahren

Einführung

Optische Verfahren beruhen auf der optischen Abbildung, die ein Modell des abgebildeten Objekts darstellt. Die Messungen werden nicht am Original, sondern am Modell vorgenommen. Eine allgemeine Übersicht zu den optischen Verfahren gibt *Abb. 59.* Das Objekt wird über das abbildende System, das Objektiv, in eine Bildebene abgebildet.

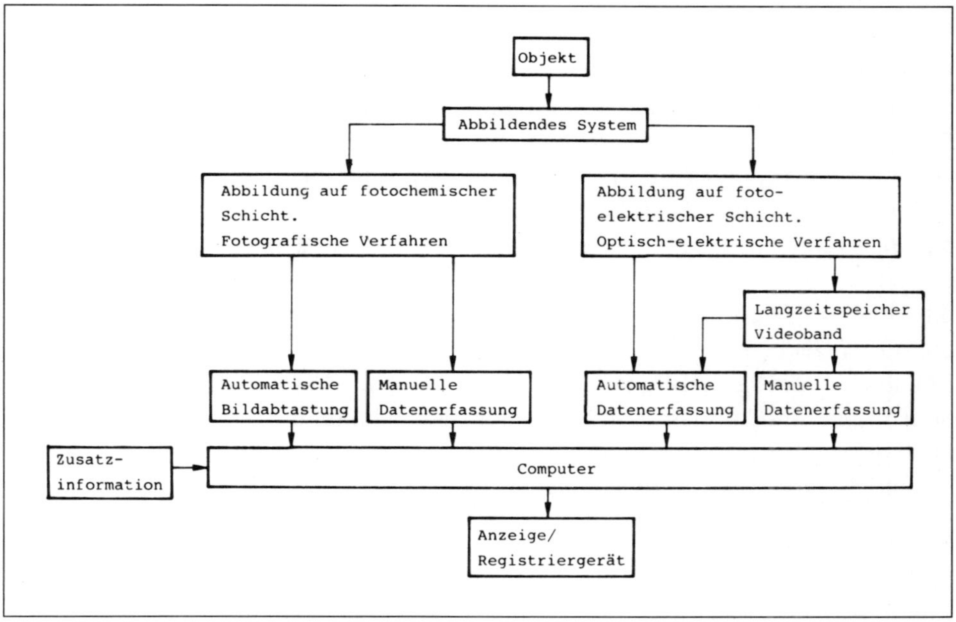

Abb. 59 Optische Verfahren

Werden zur Speicherung dieses Bildes fotochemische Schichten benutzt, dann haben wir es mit den üblichen ***fotografischen Verfahren*** zu tun. Wird das Bild auf fotoelektrischen Schichten (zwischen-)gespeichert, dann nennen wir die Verfahren ***optisch-elektrische Verfahren.*** Dazu zählt beispielsweise auch die Videotechnik. In beiden Fällen liegt ein Modell vor, an dem unter bestimmten Voraussetzungen Eigenschaften des Originals wie Form, Größe und Lage quantitativ bestimmt, d. h. zahlenmäßig erfaßt werden können.

Bei der in einem Bild gespeicherten Information handelt es sich zunächst nur um die geometrische Konfiguration des Objekts (bzw. seiner Projektion) zum Aufnahmezeitpunkt. Bei bewegten Objekten ist zusätzlich die Zeit zu erfassen, was durch Abbildungen des Objekts in zeitlich aufeinanderfolgenden Phasen geschieht. Die numerische Erfassung der Bildinformation erfolgt durch Bestimmung der Bildkoordination ausgewählter Objektpunkte, und zwar Bild für Bild. Sind diese Objektpunkte in geeigneter Weise markiert, dann kann eine automatische Auswertung durchgeführt werden. Ist dieses nicht der Fall, dann erfolgt die Auswertung von Hand, etwa durch Antasten der Objektpunkte im projizierten Bild auf speziellen Auswertgeräten. Bei völliger Rückwirkungsfreiheit der Meßmethode ist eine Markierung und damit eine automatische Auswertung nicht möglich.

Die mit optischen Verfahren numerisch erfaßbaren Größen sind die kinematischen Grundgrößen Länge bzw. Winkel und Zeit. Sämtliche anderen Größen, insbesondere die kinematischen Größen Geschwindigkeit und Beschleunigung, sind abgeleitete Größen, die aus den Grundgrößen berechnet werden. Wegen der im allgemeinen sehr großen Anzahl von Einzeldaten und der damit verbundenen umfangreichen Berechnungen werden die erfaßten Grundgrößen in einem Digitalrechner mit oder ohne zusätzliche Informationen weiterverarbeitet. Innerhalb von Sekunden (bei aufwendigen optoelektronischen Verfahren) oder mehreren Stunden (bei konventionellen Filmaufnahmen) nach erfolgter Registrierung (Aufnahme) stehen dann die abgeleiteten Ergebnisse zur Anzeige/Registrierung an.

Hinweis ←

Der wesentliche Vorzug der optischen Verfahren vor anderen besteht in der Möglichkeit der berührungslosen, absolut rückwirkungsfreien Messung von statischen Haltungen und (schnellen) Bewegungen.

3.2.2.2.1 Grundbegriffe der Bildmessung

Die optische Abbildung

Bei der optischen Abbildung wird von einem in der Regel räumlich ausgedehnten Objekt mittels eines Objektivs ein ebenes, im allgemeinen verkleinertes Bild erzeugt. Die Reduzierung des dreidimensionalen Objektraumes in die zweidimensionale Bildebene bedeutet natürlich einen Verlust an Information, der um so größer ist, je gleichmäßiger die Objektausdehnung die drei Dimensionen des Raumes nutzt. Ohne zusätzliche Daten ist daher die Rekonstruktion des räumlichen Objekts aus einem Bild nicht möglich. Ebene Objekte hingegen können bis auf meist vernachlässigbare Abbildungsfehler praktisch ohne Informationsverlust abgebildet und damit auch aus einem Bild vollständig rekonstruiert werden. Besonders einfach ist der Fall, wenn die Objektebene parallel zur Bildebene liegt.

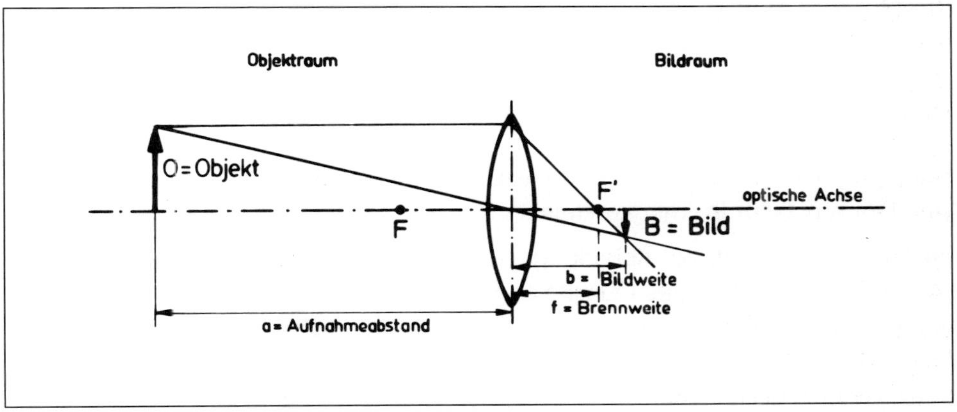

Abb. 60 Optische Abbildung

In *Abb. 60* ist ein vereinfachtes Schema der optischen Abbildung dargestellt. Das Projektionszentrum in dieser zentralperspektivischen Abbildung entspricht näherungsweise dem Ort der Blende beim fotografischen Objektiv. Mit a wird die Aufnahmeentfernung, das ist der Abstand zwischen Kamera und abzubildendem Objekt, mit f die Brennweite des fotografischen Objektivs bezeichnet. Die Punkte P_1 und P_2 im Objektraum werden dann im Bild als P_1' und P_2' abgebildet. Für die Überführung der Objektkoordinaten in Bildkoordinaten ist der Abbildungsmaßstab entscheidend. Er ist gegeben durch das

Verhältnis der Bildgröße B zur Objektgröße 0. Die Strecke $\overline{P_1P_2} = 0$ wird verkleinert als Strecke $\overline{P_1'P_2'} = B$ abgebildet. Der Abbildungsmaßstab m ist dann gegeben durch

$$m = \frac{B}{0}$$

Je größer der Abbildungsmaßstab ist, desto größer wird auch das Bild eines Objekts. Geht man von der normalerweise erfüllten Annahme aus, daß die Aufnahmeentfernung a groß gegen die Brennweite f des benutzten Objektivs ist, was praktisch schon bei $a \geq 20 \cdot f$ der Fall ist, dann ist der Abbildungsmaßstab m auch in der folgenden Form gegeben

$$m = \frac{f}{a}$$

Für überschlägige Rechnungen kann man aus dieser Faustregel bei zwei bekannten Größen die dritte berechnen.

Beispiel: Brennweite f = 50 mm, Aufnahmeabstand a = 5 m, ergibt einen Abbildungsmaßstab von

$$m = \frac{50\ \text{mm}}{5\ \text{m}} = \frac{0{,}05\ \text{m}}{5\ \text{m}} = \frac{1}{100}$$

Bei $m = {}^1/_{100}$ wird eine in der Objektebene befindliche Länge von 1 m auf 1 cm im Bild verkleinert.

Festzuhalten ist, daß der Abbildungsmaßstab, der zur rechnerischen Rekonstruktion des Objekts aus den am Bild vorgenommenen Koordinationsmessungen unbedingt erforderlich ist, bei fester Brennweite nur vom Aufnahmeabstand a abhängt bzw. nur für einen festen Abstand einen konstanten Wert hat.

Für den betrachteten Fall, bei dem ein ebenes Objekt in einer zur Bildebene parallelen Ebene liegt, sind die Beziehungen zwischen Objekt und Bild besonders einfach. Für alle Objektteile gilt gleichermaßen: **Hinweis** ←

— Gerade werden als Gerade abgebildet
— Winkel bleiben bei der Abbildung unverändert erhalten
— alle Strecken werden im gleichen Maßstab verkleinert.

Mit Ausnahme der ersten treffen diese Feststellungen jedoch nicht mehr zu, wenn

— die Objektebene nicht parallel zur Bildebene steht oder
— das Objekt nicht eben ist.

In der Praxis muß man demnach beachten, daß man nur eine mehr oder minder gute Näherung des einfachsten Abbildungsfalles verwirklicht und damit automatisch entsprechende Fehler verbunden sind. Diese Fehler sind im Hinblick auf die jeweilige Aufgabenstellung sehr sorgfältig zu untersuchen. Wird der Meßzweck durch den entstehenden Fehler verfehlt, dann muß der erhöhte Aufwand einer räumlichen Analyse in Kauf genommen werden.

Räumliches und zeitliches Auflösungsvermögen

Raum- und Zeitmaße sind die aus optisch erzeugten Bildern zu ermittelnden Grundgrößen. Das räumliche und zeitliche Auflösungsvermögen kennzeichnen die wesentlichen Eigenschaften eines technisch verwirklichten Verfahrens, räumlich bzw. zeitlich eng benachbarte Einzelheiten eines bewegten Objekts voneinander zu trennen.

Das **räumliche Auflösungsvermögen** hängt von den optischen Eigenschaften der Abbildungskette ab: Aufnahmeoptik — Filmschicht — Wiedergabeoptik — Auswerter (menschliches Auge oder fotoelektrische Abtastvorrichtung). In der Praxis wird es begrenzt durch das Auflösungsvermögen der Filmschicht. Je nach Filmmaterial und Verarbeitung kann das Auflösungsvermögen zwischen 50 und 100 Linien pro Millimeter liegen. D. h., auf dem Filmbild können kontrastierende Einzelheiten gerade noch getrennt erfaßt werden, wenn sie wenigstens $^1/_{50}$ bis $^1/_{100}$ mm voneinander entfernt sind. Über den Abbildungsmaßstab wird dieses bildseitige Auflösungsvermögen in den Objektivraum transformiert. Wird z. B. ein Objekt von 5 m Breite auf ein Filmbild von 10 mm Breite (16-mm-Film) abgebildet, dann beträgt der Abbildungsmaßstab $m = {}^1/_{500}$. Ein bildseitiges Auflösungsvermögen von $^1/_{100}$ mm ergibt damit auf der Objektseite eine Auflösung von $^1/_{100}$ mm $\cdot$ 500 = 5 mm, d. h., im Objekt können kleinste Abstände von 5 mm aufgelöst werden.

Ein hohes räumliches Auflösungsvermögen kann also im wesentlichen durch einen großen Abbildungsmaßstab erreicht werden, d. h. durch ein möglichst großes Verhältnis von Bild- zu Objektgröße. Das führt auf die Forderung nach möglichst großen Bildformaten bei gleichzeitig kleinstmöglichen Objektbreiten. Wegen der in der Biomechanik nur mit begrenzter Genauigkeit möglichen Festlegung der Meßpunkte am Objekt ist eine objektseitige Ausmeßgenauigkeit von $\pm$ 1 mm als vernünftige obere Grenze anzusehen. Diese kann unter den oben genannten Bedingungen bei Abbildungsmaßstäben von m — $^1/_{100}$ erreicht werden. Abbildungsmaßstäbe von m — $^1/_{1000}$ sollten unbedingt vermieden werden.

Das **zeitliche Auflösungsvermögen** hängt ab vom zeitlichen Abstand aufeinanderfolgender Belichtungen (= reziproke Bildfrequenz) und von der bei der Einzelaufnahme wirksamen Belichtungsdauer. Die zeitliche Auflösung ist naturgemäß unstetig. Je höher die Bildfrequenz f_W, desto kleiner ist der dazu umgekehrt proportionale zeitliche Abstand t_W, desto höher ist die zeitliche Auflösung einer Bewegung. Darüber hinaus nimmt die Genauigkeit der raum-zeitlichen Zuordnung zu mit abnehmender Belichtungsdauer, welche die Bewegungsunschärfe vermindert.

Das zeitliche Auflösungsvermögen eines Verfahrens ist demnach direkt proportional der Bildfolgefrequenz und umgekehrt proportional der Bildbelichtungszeit.

Die für eine Analyse menschlicher Bewegungen erforderliche zeitliche Auflösung hängt natürlich von der Bewegung selbst ab und ist nicht allgemeingültig festzulegen. Die in der Biomechanik üblichen Bildfrequenzen liegen zwischen 50 und 200 Bildern pro Sekunde, bei sehr schnellen, stoßartigen Bewegungen gelegentlich darüber bis 500 Bilder pro Sekunde. Die zulässigen Belichtungszeiten liegen, in Abhängigkeit von den maximalen Bewegungsgeschwindigkeiten, im Bereich von 0,5 bis 5 Millisekunden ($^1/_{2000}$ bis $^1/_{200}$ Sekunde).

Zur Analyse räumlicher Bewegungen

Bei sportlichen Bewegungen haben sowohl der Körper als bewegtes Objekt als auch die Bewegungsbahnen im allgemeinen räumlichen Charakter. Die aus verschiedenen Gründen häufig angenommene Zweidimensionalität von Objekt und Bewegung stellt in sehr vielen Fällen eine unzulässige Vereinfachung der Wirklichkeit dar, die mit großen Meßfehlern verbunden sein kann. Will man dem räumlichen, dreidimensionalen Charakter von Objekt und Bewegung Rechnung tragen, dann sind aufwendigere Bildmeßverfahren einzusetzen. Um die Raumkoordinaten eines Objektpunktes eindeutig festzulegen, sind zwei von unterschiedlichen Standpunkten aus aufgenommene Meßbilder erforderlich. Bei der Analyse von Bewegungen müssen die beiden Bilder gleichzeitig aufgenommen werden. Daraus ergeben sich erhöhte technische Anforderungen und der Aufwand für die numerische Erfassung und die anschließende Datenverarbeitung wächst an.

3.2.2.2.2 Einzelmeßverfahren

3.2.2.2.2.1 Filmtechnik (Kinematografie)

Überblick

Bei der Filmaufnahme werden zeitlich aufeinander folgende Phasen des Objekts in räumlich getrennten Einzelbildern gespeichert. Der Bewegungsablauf wird nicht kontinuierlich, sondern in diskreten Zeitpunkten abgetastet. Die Zeitinformation ist in der Zuordnung der Einzelbilder zu gleichabständigen Zeitpunkten enthalten.

Damit ist der Ort des Objekts zu bestimmten Zeiten im Rahmen der Genauigkeit des Verfahrens registriert. Der zeitliche Abstand zweier aufeinanderfolgender Phasenbilder ist gleich dem Reziproken der jeweiligen Bildfrequenz, bei 100 Bildern/Sekunde also gleich $^{1}/_{100}$ Sekunde.

Handelsübliche 16-mm-Filmkameras lassen Bildfrequenzen bis maximal 100 B/s zu. Spezielle Zeitdehner- oder Hochfrequenzkameras erreichen bis zu 500 Bilder/Sekunde, in speziellen Fällen bis zu 10000 B/s.

In der folgenden Tabelle sind für die gängigen Aufnahmeformate die Bildfeldgrößen und die maximalen Bildfrequenzen eingetragen.

Bildformate und Bildfrequenzen

Filmformat	Bildformat Höhe x Breite in mm	Max. Bildfrequenz in Bilder/sec
Schmalfilm S 8	4,2 x 5,7	250
Schmalfilm 16 mm	7,5 x 10,3	500 (10000)*
Normalfilm 35 mm	18 x 24	500

* Drehspiegelkameras mit sogenannten optischem Ausgleich

Zur Auswertung der Bildinformation müssen Raum- und Zeitmaßstab gegeben sein. Der ***Raummaßstab*** wird am zweckmäßigsten durch einen vor oder nach der Meßaufnahme im

Objektraum befindlichen Maßstab (Meßlatte), der unter gleichen Bedingungen gefilmt wird, ermittelt. Wird der Maßstab in Form eines hängenden Lotes ausgeführt, ist auch die absolute Raumorientierung gegeben.

Bezüglich des ***Zeitmaßstabes*** ist die eingestellte Frequenz der Kamera keine verläßliche Angabe über die tatsächliche Bildfolgefrequenz. Bei nicht zu hohen Anforderungen an die Genauigkeit des Zeitintervalls zwischen zwei Belichtungen ist die mitgefilmte großformatige Uhr mit $^1/_{100}$ Sekunde Ablesegenauigkeit eine sehr gute Lösung. Höchste Genauigkeit kann durch auf den Filmrand eingeblendete sehr exakte Zeitmarken gewährleistet werden. Die Belichtungszeit ist bei fester Sektorenblende an die Bildfrequenz gekoppelt. Das führt bei Aufnahme mit weniger als 100 B/s zu Belichtungszeiten von mehr als $^1/_{200}$ s. Bei schnellen Bewegungen (Geschwindigkeiten von 20—30 m/s) ergeben sich damit Bewegungsunschärfen, die eine genaue Auswertung erschweren oder unmöglich machen. Bei Kameras mit verstellbarer Sektorenblende kann die Belichtungszeit auf sehr kurze Zeiten eingestellt werden.

In der nachfolgenden Tabelle sind die bei der Analyse sportlicher Bewegungen erforderlichen Bildfrequenzen angegeben. Die Zahlenwerte sind als grobe Richtwerte anzusehen, die von der jeweiligen Bewegung und vor allem von der zu lösenden Aufgabe her in Richtung größerer oder kleinerer Werte geändert werden müssen.

Minimale Bildfrequenzen

Bewegungsart	Bildfrequenz (B/s)
freie Willkürbewegung	50
Anschlag im Gelenk	100
externe Stöße	200

Bei diesen Angaben ist bereits berücksichtigt, daß aus den Grundgrößen Länge und Zeit noch weitere Größen abgeleitet werden, z. B. die Geschwindigkeit. Da diese Ableitungen sehr empfindlich auf kleinste Meßfehler reagieren, sind besonders genaue Messungen zugrunde zu legen und spezielle mathematische Verfahren (Ausgleichsrechnung und Interpolation) anzuwenden. Häufig sind das zeitliche und das räumliche Auflösungsvermögen von Filmaufnahmen nicht ausreichend und verläßlich, um mit engem Fehlerbereich Beschleunigungen abzuleiten.

Diskussion

Bewertung: Die Kinematografie ist ein unentbehrlicher Bestandteil der biomechanischen Untersuchungsmethoden. Sie ist das einzige Verfahren, daß eine absolut rückwirkungsfreie *Registrierung* von Bewegungsabläufen ermöglicht. Ein weiterer Vorteil ist die anschauliche *Darstellung* von Bewegungen in einem Zeitbereich, der vom menschlichen Auge nicht aufgelöst werden kann.

Aus Filmaufnahmen können Zeiten und vor allem Längen mit großer Genauigkeit ermittelt werden: Längen bis auf 1 mm genau, Zeiten bis auf die Bildwechselzeit $t_w = {}^1/f_w$ genau. Die dadurch gewonnenen Weg-Zeitfunktionen sind nur mit geringen Fehlern behaftet. Voraussetzung für die Erreichung dieser Genauigkeit ist eine entsprechende geometrische Definition des Bildpunkts: etwa als Schwerpunkt eines scharf begrenzten Flächenelements oder als Schnittpunkt scharfer Linien. Die Definition des Bildpunkts hängt wesentlich ab von der Definition des entsprechenden Objektpunkts. Oberflächenpunkte des Körpers sind wegen der fehlenden Struktur häufig nicht eindeutig festzulegen (ganz abgesehen von ihrer Zuordnung zu Skelettstrukturen), vielfach werden interessierende Körperpunkte gar nicht abgebildet (z. B. auf der kameraabgewandten Seite, verdeckt durch andere Körperteile). Diesen Mängeln kann man teilweise begegnen (Markierungen, zusätzliche Kamera, Auswertung über Konturen etc.), aber man kann sie nicht gänzlich ausschalten. Ihr Einfluß auf das Meßergebnis ist sorgfältig abzuschätzen.

3.2.2.2.2.2 Fernsehtechnik (Videografie)

Überblick

In vielen Bereichen, wo es auf die Darstellung von Bewegungen ankommt, ist die Fernsehkamera in den Anwendungsbereich der Filmkamera vorgedrungen und hat sie zum Teil sogar verdrängt. Wo es auf die zeitrichtige Darstellung von Bewegungen geht, ist die Fernsehkamera der Filmkamera ebenbürtig, durch die Speichermöglichkeiten auf dem Videomagnetband (Videorecorder) und die Arbeitsgeschwindigkeit vielfach sogar überlegen. Unbestritten ist auch der Wert der Videokamera bei der

Aufnahme und schnellen Wiedergabe von sportlichen Bewegungen in Training und Wettkampf.

An dieser Stelle soll auf die Brauchbarkeit der elektronischen Bildaufzeichnung für meßtechnische Zwecke, d. h. zur quantitativen Analyse von Bewegungen eingegangen werden. Dabei sind im wesentlichen nur die von der Filmaufnahme abweichenden Kennzeichen der Fernsehaufnahme zu behandeln, also das räumliche und zeitliche Auflösungsvermögen.

Räumliches Auflösungsvermögen

In der Aufnahmeröhre der Fernsehkamera wird das Bild in einzelne Bildelemente zerlegt. Durch die Anzahl dieser Bildelemente ist das Auflösungsvermögen für räumliche Größen begrenzt. Bei der europäischen Fernsehnorm hat das Bild 625 Zeilen, d. h. über die Bildhöhe können 625 Linien unterschieden werden. Das Auflösungsvermögen entspricht $^{1}/_{625}$ der Bildhöhe. Je nach Abbildungsmaßstab sind entsprechende Details im Objekt zu unterscheiden. Bei Annahme gleicher Auflösung auch in horizontaler Richtung ist das Fernsehbild dem Filmbild im Super-8-Format bezüglich der räumlichen Auflösung überlegen. Die meßtechnische Qualität des 16-mm-Filmbildes wird aber nicht erreicht.

Bei sorgfältiger Justierung können quantitative Auswertungen durchgeführt werden. Spezielle Digitalisiergeräte erlauben eine unmittelbare Bildmessung am Monitor, wobei Verzeichnungen der Bildröhre keinen Einfluß auf die Genauigkeit haben. Für eine quantitative Auswertung ist immer ein möglichst großer Abbildungsmaßstab ($m > {^{1}/_{200}}$) zu wählen.

Zeitliches Auflösungsvermögen

Das zeitliche Auflösungsvermögen wird — wie beim Film — bestimmt durch die maximale Bildfrequenz und die Belichtungsdauer. Die kommerziellen und ein Großteil der industriellen Fernsehkameras arbeiten mit Bildfrequenzen von 25 B/s. Wegen der flimmerfreien Darstellung der Bewegung werden im sogenannten Zeilensprungverfahren 50 Halbbilder je Sekunde registriert. Bei reduzierter räumlicher Auflösung (auf die halbe Zeilenzahl) kann man 50 Bilder/s auswerten. Eine weitere Erhöhung der Bildfolgefrequenz ist mit diesen Kameras normalerweise nicht möglich. Mit 50 B/s befindet man sich an der unteren Grenze des zeitlichen Auflösungsvermögens, das für eine Registrierung sportlicher Bewegungen u. a. erforderlich ist.

Bei Zeitlupen und deutlicher noch bei der Stillstandprojektion von Fernsehbildern macht sich häufig ein weiterer Mangel bemerkbar: schnell bewegte Körperteile wie die Extremitäten werden je nach Geschwindigkeit mehr oder minder verwischt und sind z. T. völlig verschwunden. Nur an den Umkehrpunkten der Bewegung (z. B. im Stütz) gewinnen diese Körperteile wieder an Kontur und können ausgemessen werden. Die Ursache für diese Bewegungsunschärfe ist die lange Belichtungszeit, die bei Speicherröhren $^1/_{25}$ Sekunde beträgt. Bereits bei bescheidenen Bewegungsgeschwindigkeiten von ca. 5 m/s bewegt sich das Objekt während der Belichtungszeit um 5 m/s · $^1/_{25}$ s = 0,2 m und kann daher nicht scharf abgebildet werden. Diese bei der Einzelbildprojektion und Auswertung so sehr störende Tatsache ist bei der zeitrichtigen Bewegungsdarstellung (Aufnahmefrequenz = Wiedergabefrequenz) von Vorteil: Bewegungsunschärfe in Bewegungsrichtung erleichtert bei der Wahrnehmung die Verschmelzung der einzelnen Teilbilder zu einem flüssigen, kontinuierlichen Bewegungsablauf.

Neben den gängigen Fernsehkameras sind in den letzten Jahren für wissenschaftliche und industrielle Anwendungen Kameras mit höherem räumlichen Auflösungsvermögen (mehr als 1000 Zeilen) und Kameras mit höherem zeitlichen Auflösungsvermögen (bis zu 12000 Bildern/Sekunde) entwickelt worden. Eine einfache Kamera z. B. kann bei einer Vertikalauflösung von ca. 300 Zeilen (Halbbild) 60 Bilder je Sekunde aufnehmen und über einen Sektorenverschluß die Belichtungszeit auf $^1/_{500}$ Sekunde reduzieren. Das bedeutet bereits eine wesentliche Verbesserung gegenüber den herkömmlichen Videorecordern.

Die neuen CCD-Kameras (CAMCORDER) reduzieren die Belichtungszeit elektronisch auf $^1/_{2000}$ bis $^1/_{4000}$ s und lassen praktisch keine Bewegungsunschärfe zu. Darüber hinaus bieten sie mit eingebautem Video-Recorder eine ausgezeichnete Bildqualität.

Diskussion

Bewertung: Für meßtechnische Anwendungen ist die Fernsehkamera derzeit vor allem in bezug auf die räumliche Auflösung unterlegen. Die weitere technische Entwicklung läßt erwarten, daß dieser Mangel zumindest teilweise behoben wird. Mehr und minder wird die Videokamera die Filmkamera auch im Bereich der biomechanischen Meßtechnik verdrängen.

Aufgabe 11

Bitte beantworten Sie die folgenden Fragen.

1. *Welche Zeitmeßverfahren kennen Sie?*

2. *Welches sind die Vorteile elektronischer Meßverfahren?*

3. *Mit welchen Geräten kann man die Geschwindigkeit eines Läufers messen?*

4. *Was ist allen optischen Verfahren gemeinsam?*

5. *Von welcher Größe hängt das zeitliche Auflösungsvermögen bei einer Filmaufnahme ab?*

6. *Wie kann man Bewegungsunschärfe vermeiden?*

7. *Was versteht man unter Abbildungsmaßstab?*

8. *In welchen Eigenschaften unterscheiden sich Film- und Fernsehtechnik?*

9. *Welche Bildfrequenzen haben normale Fernsehkameras?*

10. *Wieviel Kameras sind erforderlich, um dreidimensionale Bewegungsanalysen durchzuführen?*

3.2.3 Dynamometrie

Einführung

Die dynamometrischen Verfahren dienen zur direkten Bestimmung von äußeren Kräften, die an der Peripherie des Körpers als Reaktionskräfte gemessen werden. Aus dem zeitlichen Verlauf der Kräfte können die Größen Impuls (unter bestimmten Bedingungen auch), Arbeit und Leistung berechnet werden. Die Kenntnis der äußeren Kräfte ist auch Voraussetzung zur Ermittlung der inneren Kräfte.

Überblick

Meßprinzip: Die verformende Wirkung der Kraft an elastischen Körpern wird zur Kraftmessung benutzt. Zur Wandlung der mechanischen Verformung in elektrische Größen stehen im wesentlichen zur Verfügung

— ***Widerstandsgeber*** (Dehnungsmeßstreifen)
— ***kapazitive Geber*** (Kondensator mit elastischer Zwischenschicht)
— ***Piezoelektrische Geber*** (Quarzkristalle)

Von besonderer Bedeutung in der biomechanischen Meßtechnik sind wegen ihrer vielseitigen Anwendungsmöglichkeiten die Kraftmeßeinrichtungen auf Dehnungsmeßstreifenbasis sowie speziell Kraftmeßplattformen auf piezoelektrischer Basis zur Messung von Stützkräften in einem weiten Frequenzbereich und mit großer Meßbereichsdynamik.

1. Kraftmessung mit Dehnungsmeßstreifen

1. Verfahren

Beansprucht man einen elastischen Widerstandsdraht in Längsrichtung auf Zug, dann wird er gedehnt und ändert seinen elektrischen Widerstand proportional zu dieser Dehnung und damit proportional zur einwirkenden Kraft. Geht die Kraft auf Null zurück, dann nimmt der Draht seine ursprüngliche Länge wieder an und zeigt den anfänglichen Widerstand. Diesen Effekt nutzt man beim Aufbau von Dehnungsmeßstreifen für die Kraftmessung. Der Dehnungsmeßstreifen (DMS) besteht aus einem elektrisch isolierenden Träger und dem damit fest verbundenen Widerstandsdraht, der z. B. mäanderförmig aufgebracht und mit zwei Anschlußdrähten verbunden ist. Dieser Dehnungsmeßstreifen wird sorgfältig auf ein Bauteil z. B. einen Metallzylinder aufgeklebt. Wesentlich für die richtige Funktion des Dehnungsmeßstreifens ist, daß jede Dehnung des Bauteils auf den Meßstreifen übertragen wird. Zwischen den Anschlüssen kann dann die der Dehnung entsprechende Widerstandsänderung (meist unter Verwendung spezieller Brückenschaltungen) als elektrische Größe gemessen und registriert werden. Damit können über die an der Oberfläche des Bauteils auftretenden Verformungen die verursachenden Kräfte sowohl im statischen als auch im dynamischen Fall bestimmt werden. Durch geeignete Anbringung mehrerer Meßstreifen ist es möglich, am gleichen Bauteil die durch Zug/Druck-, Biegungs- und Torsionsbelastung auftretenden Verformungen getrennt zu erfassen. Dadurch kann man in vielen Fällen einzelne Komponenten der auftretenden Kräfte und Momente bestimmen.

Da die meßbaren Verformungen, insbesondere bei Verwendung spezieller Halbleitergeber in der Größenordnung von $^1/_{1000}$ mm liegen, sind damit sehr empfindliche Meßgrößenwandler aufzubauen. Deshalb werden bevorzugt homogene metallische Bauteile als Verformungselemente (Federn) benutzt, die eine hohe Steifigkeit und kleine Verformungswege aufweisen. Die Meßfrequenz wird nur von den Schwingungseigenschaften der beanspruchten Teile, also von der Federkonstanten und der schwingenden Masse, begrenzt.

2. Kraftmessung mit piezoelektrischen Gebern

2. Verfahren

Beansprucht man bestimmte Kristalle an definierten Flächen auf Druck, dann treten durch die entstehende Verformung verursacht an bestimmten anderen Kristallflächen elektrische Ladungen auf, deren Menge von der Verformung des Kristalls abhängt. Diese Erscheinung bezeichnet man als piezoelektrischen Effekt. Er zeigt sich besonders ausgeprägt bei Quarz aber auch bei anderen Kristallen wie Bariumtitanat. Wird dieser Effekt zur Kraftmessung benutzt, dann wird von der einwirkenden Kraft eine oder mehrere Quarzscheiben gleichmäßig auf Druck beansprucht. An den herausgeführten Anschlüssen (Elektroden) können die entstehenden Ladungen über zwischengeschaltete Ladungsverstärker gemessen werden. Durch geeignete Schichtung verschiedener piezoelektrischer Scheiben lassen sich auch hier z. B. die senkrecht zueinander orientierten Komponenten eines Kraftvektors je getrennt für sich erfassen. Da sich die durch die Verformung entstandenen Ladungen auch bei weiterbestehender konstanter Verformung ausgleichen bzw. abfließen, ist es nicht möglich, statische Messungen durchzuführen. Diese Einschränkung hat für die normale

Meßpraxis in der Biomechanik praktisch keinerlei Bedeutung, da die technischen Ausführungsformen der heutigen Meßgeräte quasi-statische Messungen (d. h. über mehrere Sekunden hinweg) ohne merkliche Fehler ermöglichen. Die große Steifigkeit der als elastische Federelemente dienenden Quarzkristalle bringt es mit sich, daß diese Meßumformer i. a. sehr hohe Eigen- und Meßfrequenzen haben.

Anwendungsbeispiele:

1. Kraftmesser ***(Dynamometer)*** auf DMS-Basis:
   — Meßplattform, Stützkraftdynamometer zur Messung der drei Einzelkomponenten der Stützkraft beim Gehen, Laufen, Springen

   — Startblockdynamometer zur Messung der unabhängig von beiden Füßen auf die Startblöcke ausgeübten Kräfte, getrennt nach drei senkrecht aufeinander stehenden Raumrichtungen

   — Reckdynamometer zur Messung der horizontalen und vertikalen bzw. der radialen und tangentialen Komponente der vom Körper auf die Reckstange ausgeübten Kräfte

   — Tretkurbeldynamometer zur Messung der tangentialen und radialen am Tretlager bzw. den Pedalen des Fahrrads auftretenden Kräfte

   — Skidynamometer zur Messung der zwischen Schuh und Ski auftretenden Reaktionskräfte und -momente

   — Ruderdynamometer, Meßdolle zur Messung der zwischen Dolle und Ruderboot auftretenden Kräfte

2. Kraftmesser mit piezoelektrischen Gebern:
   Als einziges Beispiel soll hier die biomechanische ***Meßplattform*** angeführt werden, mit der die Reaktionskräfte und

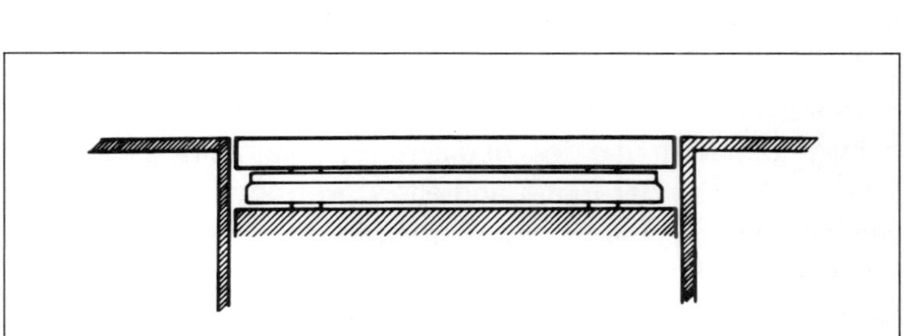

Abb. 61 Meßplattform

-momente, die während der Stützphase zwischen Körper und Boden wirken, gemessen werden können *(Abb. 61).* Mit einer im Handel befindlichen Meßplattform lassen sich zusammen mit einer aufwendigen Elektronik folgende einzelne Meßgrößen als zeitabhängige Parameter bestimmen:

— die Reaktionskräfte F_x und F_y in horizontaler sowie die Reaktionskraft F_z in vertikaler Richtung

— das freie Moment M_z in vertikaler Richtung, das in der Oberflächenebene der Platte wirkt

— die Lage des Angriffspunkts des Kraftvektors, gegeben durch die Koordinaten a_x und a_y bezüglich der Plattenmitte. Der Einfluß des durch Auflagen auf die Platte in der Höhe verschobenen Angriffspunkte a_z kann durch elektronische Kompensationsschaltungen berücksichtigt werden *(Abb. 62).*

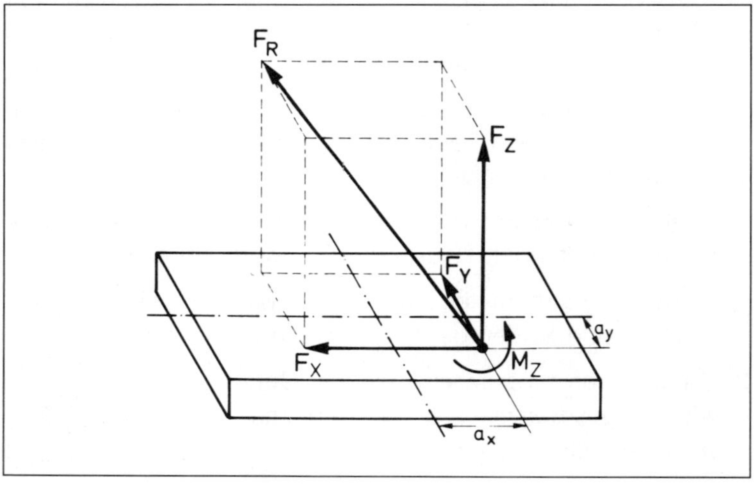

Abb. 62 Meßgrößen der Meßplattform

Insgesamt liefert die Meßplattform den zeitlichen Verlauf der resultierenden Kraft und des resultierenden Moments, die sich als Summe aller an der Platte angreifenden Kräfte und Momente, bezogen auf die Plattenmitte, ergeben. Durch Integration der Kraft-Zeitfunktionen sind unmittelbar die während der Stützphase erfolgten Geschwindigkeitsänderungen des Körperschwerpunkts gegeben, und zwar ebenfalls getrennt nach den drei Raumrichtungen.

Mehrere gleichzeitig angreifende Einzelkräfte können nicht unterschieden werden, insbesondere sind die flächenhaft angreifenden Reaktionskräfte nicht in ihrer räumlichen Verteilung erfaßbar. Bei der Berechnung der Wirkung der Kräfte und Momente auf bestimmte Körperteile müssen selbstverständlich die kinematischen Beziehungen zum Koordinatensystem der Meßplatte berücksichtigt werden, z. B. bei der Berechnung von Gelenkkräften und Muskelkraftmomenten.

Diskussion

Bewertung: Die auf dem Dehnungsmeßstreifenverfahren basierenden Aufnehmer können für vielfältige Meßaufgaben eingesetzt werden. Sie erlauben die nach Komponenten getrennte Erfassung von statischen und dynamischen Kräften. Bei Benutzung metallischer Verformungselemente großer Steifigkeit (z. B. Tretkurbel am Fahrrad) können Meßfrequenzen bis mehrere hundert Herz erreicht werden. Bei großen Massen, wie sie bei Meßplattformen auftreten, sind Meßfrequenzen von mehr als 100 Hz kaum erreichbar. Die Genauigkeit der Messung hängt von der sorgfältigen Anbringung der Dehnungsmeßstreifen, der Kompensation ihres Temperaturganges und der Eindeutigkeit des Spannungszustandes des verformten Bauteils ab. Die gegenseitige Beeinflussung verschiedener Komponenten ist gelegentlich nur unvollkommen zu vermeiden.

Die piezoelektrischen Kraftaufnehmer und die mit ihnen versehenen Meßplattformen eignen sich sehr gut für dynamische Messungen. Statische Messungen mit Meßzeiten in der Größenordnung einer Minute sind i. a. nicht möglich. Die Meßfrequenz der Platten liegt um 300 Hz. Die Trennung der einzelnen Komponenten ist sehr gut möglich. Die Genauigkeit ist besser als 3%. Exakte Messungen setzen eine besondere Sorgfalt bei der Montage dieser Meßplattformen auf speziellen Fundamenten voraus. Dies gilt hauptsächlich bei der Messung stoßartiger Kräfte bei sportlichen Bewegungen (Sprint, Sprünge).

Das im Grunde rückwirkungsfreie Verfahren ist nicht unproblematisch, da die Abmessungen der Meßfläche in der Größenordnung von ein bis zwei Fußlängen sind und die zu messende Stützphase nicht ohne bewußtes Zielen automatisch im (geometrischen) Meßbereich der Platte abläuft. Da das bewußte Treffen der Meßflächen praktisch immer zu einer Verfälschung der Bewegung führt — z. B. über die Längenänderung eines oder mehrerer davor liegender Schritte —, sollte man diesen Fall nach Möglichkeit vermeiden. Das bedeutet: keine besondere Markierung der Platte, Einjustierung der Platte nach individuellen kinematischen Daten, mehrere Versuche und nachträgliches Ausscheiden der Fehlversuche. Die Wahl einer größeren Meßfläche bietet die beste Abhilfe, ist aber technisch wegen der damit verbundenen Verkleinerung der Meßfrequenz und finanziell wegen der Vergrößerung des materiellen Aufwands nur in begrenztem Umfang möglich.

Wie bei den elektronischen Meßverfahren insgesamt liegt ein besonderer Vorzug auch dieser Kraftmessungen in der praktisch zeitgleich mit der Messung möglichen Ausgabe des Ergebnisses, hier: der Kraft-Zeitfunktionen und der daraus ableitbaren Größen: Impuls, Arbeit und Leistung.

Aufgabe 12

Bitte beantworten Sie die folgenden Fragen:

1. *Welche Größen kann man mit einer Kraftmeßplatte messen?*

2. *Welche weiteren Größen kann man aus diesen Messungen ableiten?*

3.2.4 Elektromyografie

Einführung

Alle kinematischen und dynamischen Messungen an der Peripherie des Körpers geben keine Auskunft über die Beteiligung der verschiedenen Muskeln oder gar die Stärke ihrer Aktivität. Bei der Bestimmung der Muskelkraftmomente ergibt sich lediglich das Nettomoment, d. h. die Differenz der in einem Gelenk wirkenden Momente. Der Beuger kann gegen die Aktivität des Streckers beugen. Dabei kann nur das nicht kompensierte Moment der Beuger ermittelt werden. Besonders anschaulich ist die Situation, wenn durch antagonistische Muskelaktivität (gleichzeitige Aktivität von Beugern und Streckern) das Gelenk fixiert wird: nach außen erfolgt keine Bewegung, die mechanische Analyse berechnet als Summe der Muskelkraftmomente den Wert Null. Dies, obwohl eine starke muskuläre Aktivität vorliegen kann.

Überblick

Mit Hilfe der Elektromyografie ist es möglich, die Aktivität des Muskels indirekt zu bestimmen. Mit der Innervation des Muskels sind elektrische Aktivitäten verbunden, die noch an der Hautoberfläche über dem Muskel gemessen werden können. Klebt man auf die Haut im Abstand von wenigen Zentimetern sogenannte Oberflächenelektroden oder Hautelektroden, dann kann man die elektrischen Potentialunterschiede, die bei der muskulären Aktivität zwischen den Elektroden auftreten, messen. Dies erfolgt durch Verbindung der Elektroden mit einem Verstärker, der i. a. schwachen Signale (im Millivoltbereich und darunter) verstärkt und für die weitere Übertragung und Registrierung aufbereitet.

Da mit jeder Muskelanspannung eine Änderung der elektrischen Aktivität verbunden ist, kann man auf diese Weise ein Signal direkt vom Motor ableiten: Das ***Elektromyogramm*** (EMG). Man kann unterscheiden zwischen Ruhe, schwacher und starker Aktivität des Muskels. Bisher ist es nicht gelungen, aus dem sehr kompliziert zusammengesetzten EMG auf die dabei entwickelte Muskelkraft zu schließen, auch nicht näherungsweise. Besonders verwickelt sind die Verhältnisse bei dynamischer, im Extremfall stoßartiger muskulärer Aktivität.

Trotz dieser Einschränkung stellt das EMG ein wertvolles Hilfsmittel bei der biomechanischen Analyse von Haltungen und Bewegungen dar. Man kann häufig den Beginn und das Ende der Aktion einer Muskelgruppe deutlich feststellen, d. h. das zeitliche Innervations- oder Aktivitätsmuster. Es ist u. a. möglich zu ermitteln:

— die Beteiligung bestimmter Muskeln an der Bewegung (auch die Kenntnis der Nichtbeteiligung ist oft von entscheidender Bedeutung)
— die Koordination verschiedener Muskeln bei der Bewegung
— die antagonistische Muskelaktion bei Fixierungen eines Gelenks.

Bei der quantitativen Interpretation des EMG ist jedoch Vorsicht geboten: Ein Vergleich der *Stärke* der Innervation zwischen verschiedenen Muskeln des gleichen Individuums ist kaum möglich. Interindividuelle Vergleiche der Innervationsstärke sind nicht möglich.

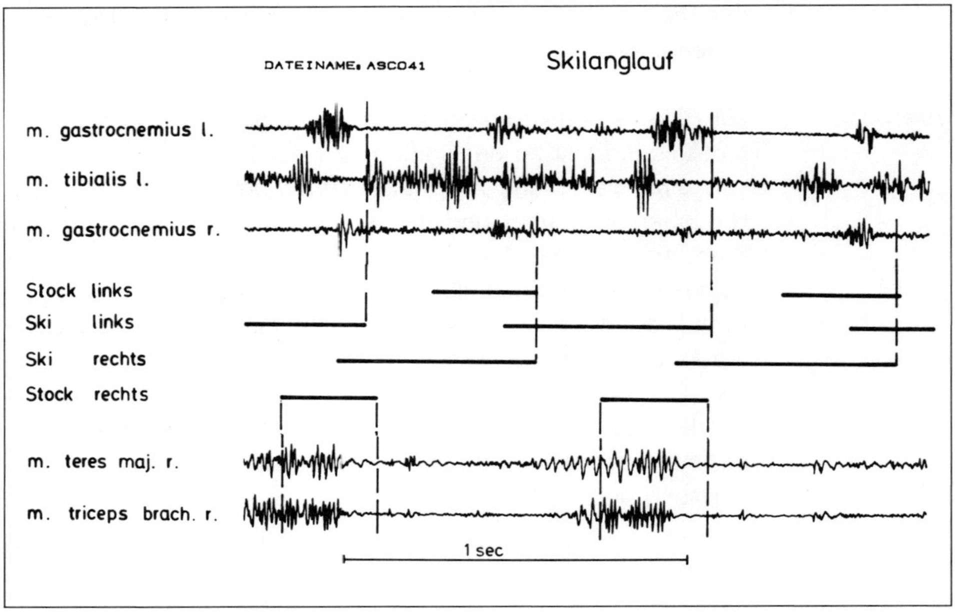

Abb. 63 Elektromyografie

Zusammen mit der Kinematrie und Dynamometrie bildet die Elektromyografie das System der komplexen biomechanischen Bewegungsanalyse, die über die Quantifizierung der Meßgrößen hinaus näherungsweise Berechnungen von inneren Kräften — Muskel- und Gelenkkräften — erlaubt und dabei auch die Kontraktionsarten des Muskels bestimmen läßt.

In *Abb. 63* ist am Beispiel des Skilanglaufs ein typisches EMG verschiedener Muskelgruppen von Arm und Bein dargestellt.

Aufgabe 13

Bitte beantworten Sie diese Fragen:

1. Was ist ein Elektromyogramm?

2. Wie kann man es interpretieren?

3. Kann man aus dem EMG Muskelkräfte berechnen?

4. Biomechanik der sportlichen Bewegung

Problemstellung

Eine wesentliche Zielsetzung im Sport ist die Verbesserung der Leistung. Sie sollte angestrebt werden unter Beachtung der begrenzten Belastbarkeit aller Organsysteme, speziell der mechanischen Belastbarkeit des Bewegungsapparates. Der Beitrag der Biomechanik zur Erreichung dieser Ziele ist demnach orientiert an den Begriffen ***Leistung*** und ***Belastung.***

In diesem Zusammenhang kann man als wesentliche *Aufgabenbereiche der Biomechanik* des Sports formulieren:

— die Verbesserung der sportlichen Technik
— die Verbesserung der Trainingsmethoden
— die Verbesserung der Ausrüstung.

Auswertung

Die Beschäftigung mit den Trainingsmethoden ist dabei natürlich nicht beschränkt auf das Techniktraining. Der enge Zusammenhang zwischen muskulärer Kraftentfaltung und der sportlichen Technik, zwischen Fähigkeit und Fertigkeit macht die sogenannte konditionelle Komponente zwangsläufig zum Gegenstand biomechanischer Untersuchungen.

In den genannten Bereichen sind grundsätzlich alle erfaßbaren *biomechanischen Parameter* einzubeziehen:

— die biomechanischen Eigenschaften des Bewegungsapparats
— die mechanischen Eigenschaften der Sportgeräte/Sportstätten und sonstigen Ausrüstung
— die Kinematik der Bewegung
— die Dynamik der Bewegung unter vorrangiger Beachtung der „inneren" Dynamik.

Besonders der letztgenannte Punkt ist von entscheidender Bedeutung für die Anwendungspraxis: Er umfaßt die Ermittlung von Muskelkräften und Muskelleistungen, der Koordination der muskulären Aktivität und schließlich der Belastungen des Bewegungsapparats.

Hinweis ←

Außer der Biomechanik ist keine andere Disziplin der Sportwissenschaften in der Lage, diese grundlegenden Komponenten der sportlichen Leistung zu ermitteln. Die Bestimmung der Beteiligung und Aktionsart der Muskulatur mit der sogenannten „funktionell-anatomischen Bewegungsanalyse“ ist keine Alternative dazu: sie ist ohne wissenschaftliche Grundlage und führt zu wenig brauchbaren Resultaten.

Weiterführung

Die Auswahl der in einem konkreten Fall auszuwählenden problemrelevanten Größen orientiert sich an

— theoretisch-mechanischen Überlegungen
— empirisch abgeleiteten Kenntnissen

sowie auch an pragmatischen Aspekten des Anwendungsfalls wie verfügbare materielle und personelle Unterstützung und schließlich dem Zeitaufwand.

In den folgenden Abschnitten werden die oben genannten Aufgabenbereiche anhand von Beispielen erläutert[1]. Die Zuordnung der Beispiele zu den einzelnen Bereichen ist nicht immer eindeutig durchführbar, da die entsprechenden Fragestellungen selbst bereichsübergreifend sind. Der Umfang der Problematik und ihre sportartspezifische Differenzierung verbieten eine mehr als exemplarische Darstellung der wesentlichen Sachverhalte und Vorgehensweise.

4.1 Sportliche Technik

Problemstellung

Sportliche Technik kann man als biomechanisches Lösungsverfahren für eine Bewegungsaufgabe definieren, dessen Ergebnis die sportliche Leistung darstellt. Die Zielgröße „Leistung“ unterliegt dabei dem Einfluß vieler unterschiedlicher Größen, den ***Einflußgrößen.***

Auswertung

Um die Zielgröße systematisch zu beeinflussen, müßte sie als Funktion der wesentlichen — voneinander unabhängigen — Einflußgrößen gegeben sein, allgemein formuliert:

$$Z = f(E_1, E_2, \ldots E_n)$$

[1] Sämtliche Beispiele stammen aus Arbeiten des Instituts für Biomechanik der Deutschen Sporthochschule Köln

Außerdem wäre Voraussetzung, daß es sich bei diesen Einflußgrößen $E_1, \ldots, E_n$ um veränderliche, dem Trainingseinfluß unterliegende Parameter handelt. Letzteres wäre z. B. der Fall bei den Größen Bewegungsamplitude, Bewegungsfrequenz, Muskelkraft und Muskelleistung, nicht aber bei Beinlänge oder Körperschwerpunkthöhe. Im allgemeinen läßt sich leider kein so bequemer Ausdruck für die Zielgröße formulieren. Die Komplexität der Bewegungssteuerung sowie die vielfältigen und meist unbekannten wechselseitigen Abhängigkeiten der einzelnen Einflußgrößen stehen dem noch im Wege.

Weiterführende Problemstellung

Um die biomechanische Charakteristik einer Technik oder von Teilaspekten der Technik als zweckmäßig oder unzweckmäßig zu bewerten, sind entsprechende Kriterien notwendig.

Zur Herleitung solcher Kriterien stehen i. a. zwei Möglichkeiten offen:

- Orientierung an der Technik der besten Athleten
- Ableitung aus biomechanischen Theorien bzw. Gesetzmäßigkeiten.

Auswertung
1. Verfahren

Das erste Verfahren ist **empirisch** und arbeitet vorwiegend mit statistischen Methoden. Beliebig auswählbare Parameter werden an Gruppen unterschiedlichen Leistungsniveaus ermittelt und zur Charakterisierung der Leistungsgruppe in Form statistischer Maßzahlen (z. B. Mittelwerte, Streuung) benutzt. Der Vergleich zwischen den verschiedenen Gruppen kann Tendenzen von Merkmalen ergeben, z. B. ob und in welchem Maße bestimmte Merkmale mit der Leistung variieren, also zu- oder abnehmen. Für den Einzelfall können daraus ggf. Defizite für bestimmte Merkmale abgeleitet und als entsprechende Korrekturhinweise für das Training benutzt werden.

2. Verfahren

Das zweite Verfahren ist **theoretisch** orientiert und benutzt Kenntnisse und Annahmen über die biomechanische Struktur und Funktion des Bewegungsapparats sowie grundlegende mechanische Gesetzmäßigkeiten zur physikalischen-mathematischen Beschreibung der Bewegung. Geometrische Parameter des aktiven und passiven Bewegungsapparats, Massen und Massenverteilungen werden ebenso wie kinematische und dynamische Merkmale der Bewegung zu einer geschlossenen mathematischen Beschreibung (Modell) der Bewegung benutzt.

Diese Vorgehensweise ist meist nur für Teilsysteme (z. B. Beinmodell) oder durch drastische Reduzierung auf ein sehr einfaches Modell (Körperschwerpunkt) durchführbar. Trotz dieser Einschränkung kann durch Ausnutzung der vorgegebenen oder resultierenden Merkmalszusammenhänge eine relativ gute Abschätzung (näherungsweise Berechnung) des Einflusses bestimmter Größen auf die Leistung und auf die Belastung gewonnen werden. In vielen Fällen sind Parametervariationen am Modell möglich, die Aufschluß geben über den isoliert betrachteten Einfluß jeder einzelnen Einflußgröße auf die Zielgröße. Obgleich diesem Verfahren künftig immer mehr Bedeutung zukommen wird, sind gegenwärtig beide Vorgehensweisen nebeneinander, z. T. auch in Kombination üblich.

Die folgenden Beispiele sollen veranschaulichen, wie biomechanische Untersuchungsergebnisse im Hinblick auf eine mehr oder weniger gezielte Beeinflussung der sportlichen Leistung (und der Belastung) interpretiert werden können.

1. Identifikation abschnittspezifischer Stärken und Schwächen beim Sprintlauf

1. Beispiel

Der 100-m-Sprint läßt sich anhand des Geschwindigkeitsverlaufs in drei Abschnitte strukturieren: positive Beschleunigung, maximale Geschwindigkeit und negative Beschleunigung (= Geschwindigkeitsabfall). Diesen Abschnitten kann man unterschiedliche Fähigkeiten des Athleten zuordnen: Beschleunigungsvermögen, „maximale Schnelligkeit" und „Schnelligkeitsdauer". Da im Training der verschiedenen Fähigkeiten i. a. unterschiedliche Anforderungen gestellt werden, ist es für den Trainer wichtig, die Stärken und Schwächen seiner Athleten entsprechend zu differenzieren.

Zur Spezifizierung der auf verschiedenen Laufabschnitten erbrachten Leistung ist es üblich, die Zwischenzeiten bei 30 m, 60 m und 80 m zu ermitteln und im Zusammenhang mit der Gesamtleistung zu bewerten. Damit wird die oben angegebene Einteilung natürlich nur in grober Näherung wiedergegeben. Die im allgemeinen geringen Differenzen der Zwischenzeiten bei Läufen eines Athleten oder Zwischenläufen verschiedener Athleten können mit der folgenden Darstellung sehr anschaulich und anwendungsfreundlich präsentiert werden. Es handelt sich um das ***Differenzzeit-Diagramm.***

Man wählt einen Lauf als Referenz und trägt die Zwischenzeiten auf der 100-m-Strecke an den entsprechenden Punkten ein. Für den zu vergleichenden Lauf bildet man die Differenz der einzelnen Zwischenzeiten zu den entsprechenden Werten des Referenzlaufs. Diese im allgemeinen sehr kleinen Differenzzeiten trägt man auf der Ordinate in einem stark gespreizten Zeitmaßstab über dem zugehörigen Streckenpunkt ein je nach positiver oder negativer Abweichung nach oben oder nach unten. Die geradlinige Verbindung der aufeinanderfolgenden Differenzzeiten ergibt einen Polygonzug, der auf einen Blick die abschnittsweisen Unterschiede zwischen den Läufen verdeutlicht.

Als erstes Beispiel sind in *Abb. 64* vier Läufer des 100-m-Endlaufs der Olympischen Spiele 1972 im Differenzzeit-Diagramm dargestellt. Als Referenzlauf wurde der Lauf des Olympiasiegers Borsow gewählt. Läufer 1 und 3 starten gleich schnell und sind bei 60 m noch gleich. Läufer 2 und 4 verlieren auf den ersten 30 m 0,8 bzw. 1,3 Zehntel Sekunden, die sie auf den nächsten 30 m durch höhere mittlere Geschwindigkeit gegenüber Läufer 1 und 3, also weitere Beschleunigung, teilweise wieder kompensieren. Die weitere Beschleunigung von Läufer 1 zwischen 60 und 80 m führt zu Zeitverlusten bei den übrigen Läufern, fast gleichmäßig verteilt auf die letzten 40 m der Strecke.

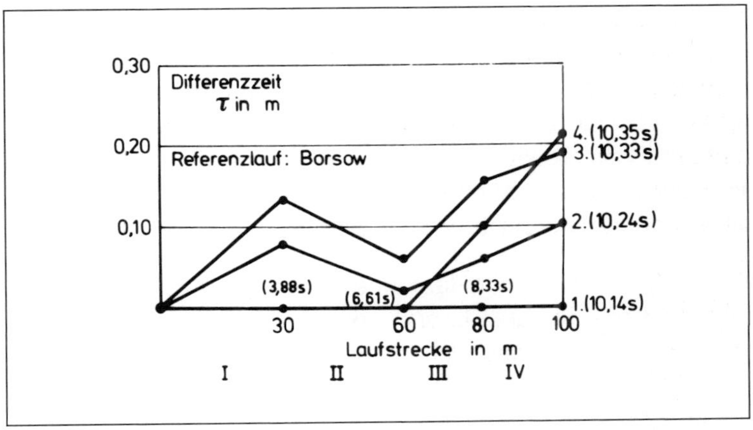

Abb. 64 Differenzzeit-Diagramm: 100-m-Endlauf Olympische Spiele 1972

Eine weitere Beurteilungsmöglichkeit ergibt sich aus den abschnittsweisen Beiträgen zum Gesamtzeitverlust (oder -gewinn).

Die in *Abb. 65* eingetragene Verbindungsgerade zwischen dem Nullpunkt und der Gesamtzeit des Läufers 2 entspricht einem gleichmäßig über die 100 m verteilten Zeitverlust von $^{2}/_{10}$ s. Jede Abweichung des Polygonzuges von dieser Geraden bedeutet einen überdurchschnittlichen oder unterdurchschnittlichen Verlust bzw. auch Gewinn (gegenüber dem Referenzlauf).

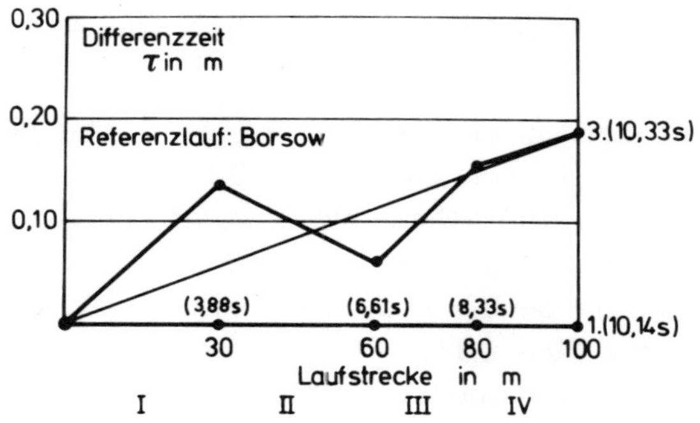

Abb. 65 Differenzzeit-Diagramm: 100-m-Endlauf Olympische Spiele 1972

Aus Abb. 65 entnehmen wir für den Läufer 2: Die Abschnitte I und II sind die schwächsten, da dort ein **über**durchschnittlicher Zeitverlust eintritt. Abschnitt IV ist stärker, der Zeitverlust entspricht dem Mittelwert über die 100 m. In Abschnitt II haben wir den stärksten Laufabschnitt, der sowohl unterdurchschnittliche Verluste bringt und auch gegenüber dem Läufer 1 keinen Zeitverlust bringt: Im Abschnitt II laufen beide Läufer gleich schnell.

Dieses Schema kann im laufenden Training eingesetzt werden, indem sofort nach dem Lauf die ermittelten Zeitdifferenzen eingetragen werden (Vergleich individueller Leistungsentwicklung und Vergleich verschiedener Läufer bzw. der Gruppe).

Selbstverständlich ist das Differenzzeit-Diagramm für alle sinnvoll unterteilbare Strecken beim Laufen, Schwimmen, Skilanglauf, Bob und Rodeln in gleicher Weise anwendbar. Die anschauliche Unterscheidung gibt unmittelbare Hinweise auf ein gezieltes Training.

2. Bewertung der Schritt-Beschleunigung in der Startphase

2. Beispiel

Die kräftige Beschleunigung des Sprinters auf den ersten Schritten nach dem Start ist notwendiger Bestandteil einer erfolgreichen Startphase. Die Diagnose vieler Einflußgrößen auf das Resultat ist aus der Kinematik allein nicht möglich. Weder die unmittelbare Beobachtung der Bewegung oder einer Zeitlupenaufnahme davon durch den Trainer geben Auskunft über die tatsächlich erfolgte aktive Beschleunigung.

Mit der ***Messung der Stützkräfte*** in horizontaler und vertikaler Richtung ist ein sofortiger quantitativer Vergleich zwischen verschiedenen Ausführungen möglich. *Abb. 66* zeigt den Verlauf der horizontalen Stützkräfte beim ersten Stütz für zwei Läuferinnen 1 und 2. Oben sind die KSP-Lagen bezüglich des Stützpunktes für Beginn und Ende des Stützes eingetragen. Läuferin 1 zeigt schwache Vorlage bei Stützbeginn, großen horizontalen Beschleunigungsweg und großen Horizontalimpuls.

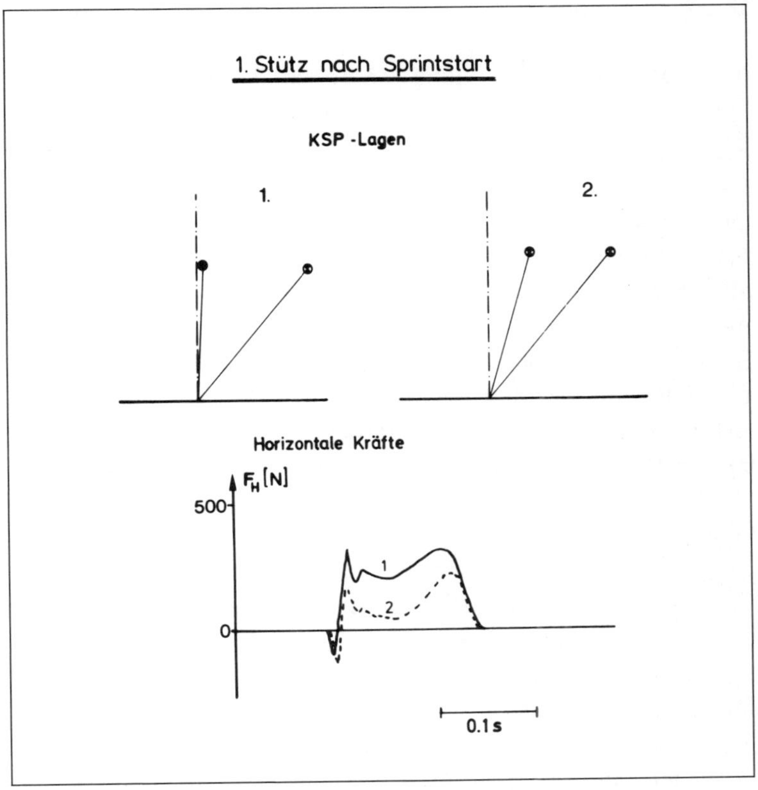

Abb. 66 Messung der Stützkräfte in der Startphase des Sprints

Läuferin 2 dagegen kommt mit stärkerer Vorlage in den ersten Stütz, weist einen deutlich geringeren horizontalen Beschleunigungsweg aus und dementsprechend einen wesentlich geringeren Impuls nach vorn. Sehr wahrscheinlich ist es von Vorteil, mit geringer Vorlage des KSP in den Stütz zu gehen, das bedeutet schnelles und weitgreifendes Fußfassen. Der hintere Fuß muß in horizontaler Richtung den Körperschwerpunkt gerade einholen, wenn nicht überholen. Die starke Vorwärtsbeschleunigung des Schwungbeines ist auch wegen der damit verbundenen reaktiven Kraftübertragung durch das Stützbein (solange es noch am Startblock Kontakt hat) in Laufrichtung wichtig.

Von großem Vorteil in der Trainingspraxis ist die Möglichkeit, zumindest die Kraftkurven (bzw. Impulswerte) unmittelbar nach jeder Bewegungsausführung verfügbar zu haben.

3. Bewertung verschiedener Ausführungen einer Langlauftechnik

3. Beispiel

Das Problem der vergleichenden Bewertung verschiedener Varianten einer Technik im Hinblick auf Zweckmäßigkeit kommt in der sportlichen Praxis häufig vor. Seine Lösung stellt eine wichtige Aufgabe dar, die mit biomechanischen Mitteln wesentlich unterstützt werden kann.

Der Diagonalschritt ist eine der Bewegungsformen im Skilanglauf, wobei dem Beinabstoß, unterstützt durch die Arm-Stock-Arbeit, wesentliche Bedeutung zukommt. Für die Bewegungsausführung existieren zwei Varianten, die alte Technik und die neue Technik. Bei der alten Technik wird auf stärker gebeugtem Bein gegleitet. Bevor das Schwungbein das gleitende Standbein passiert, wird dieses kurz gestreckt, dann in einer schnellen Ausholbewegung stark gebeugt und aus dieser tiefen Beugestellung im Abstoß gestreckt (exzentrisch-konzentrische Muskelaktion). Die neue Technik unterscheidet sich durch das Gleiten mit deutlich stärker gestrecktem Standbein und eine zeitlich schnellere und nicht so stark ausholende Beugung vor der Abstoßstreckung. Zweifellos stellt die neue Technik andere, höhere Anforderungen an die Leistungsfähigkeit der Streckmuskulatur. Wo liegen die Vorteile? Welche Kriterien kann man anwenden? Wie häufig bei Ausdauerdisziplinen, die durch eine hohe Wiederholungszahl zyklischer Einzelbewegungen gekennzeichnet sind, kann man bei Technikvarianten keine dramatischen Änderungen einzelner Bewegungsparameter erwarten. Der Effekt auch kleiner Unterschiede liegt in der Summation aller Bewegungszyklen.

In einer biomechanischen Studie werden die beiden Technikvarianten untersucht. Die wesentlichen Größen neben der Kinematik waren die im Abstoß ausgeübten Kräfte. Getrennt nach horizontaler und vertikaler Komponente können sie Hinweise geben auf die Vortriebsarbeit und die Hubarbeit beim Beinabstoß.

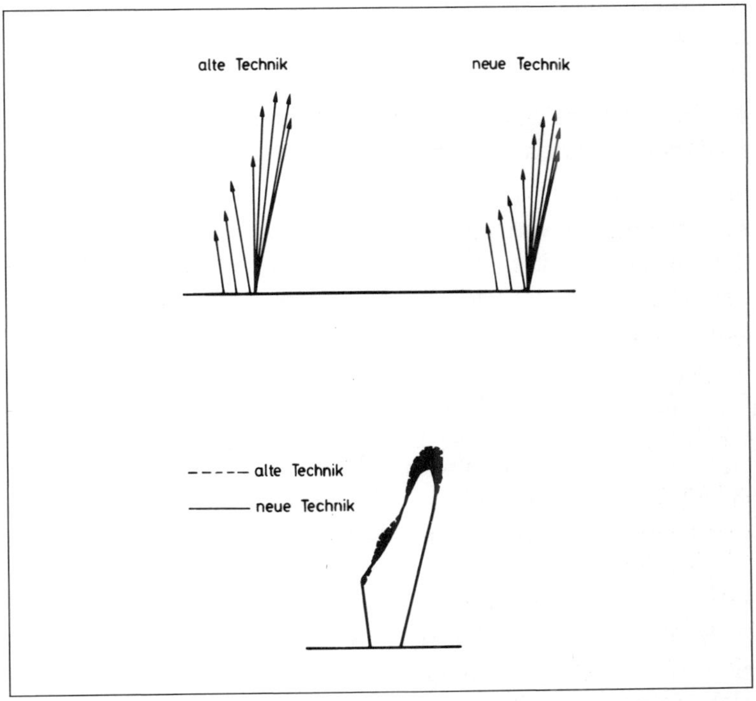

Abb. 67 Vektordynamogramme zweier Techniken beim Skilanglauf

In *Abb. 67* sind die ***Vektordynamogramme*** der beiden Techniken dargestellt. Die einzelnen Vektorpfeile der Antriebskraft sind jeweils in gleichen zeitlichen Abständen eingetragen. Legt man die Einhüllenden (= Verbindung aller Kraftspitzen) der beiden Ausführungen übereinander (im Bild unten), dann erkennt man: die Richtung und Größe der Kraft zu Beginn und am Ende der Abstoßphase sind praktisch gleich. Im Verlauf dazwischen indessen zeigt die alte Technik deutlich höhere vertikale Kraftwerte über einem weiten Bereich. Dies kann man interpretieren als vermehrte Hubarbeit gegenüber der neuen Technik. D. h.

bei der alten Technik wird der Körperschwerpunkt größere vertikale Schwankungen je Zyklus ausführen. Da sich gleichzeitig keine Differenzen in der Vortriebsleistung gezeigt haben, kann die neue Technik als „besser" qualifiziert werden, wenn man sich auf die erwähnten Kriterien beschränkt.

Hinweis ←

Dieses Ergebnis ist, wie häufig im Leistungssport, nicht generalisierbar. Die Beurteilung muß individuell erfolgen. Auf einem hohen Leistungsniveau macht es im allgemeinen wenig Sinn, mit statistischen Analysen und Zahlen zu operieren. Diesen Sachverhalt sollte man nicht außer acht lassen.

4. Kraftverläufe bei Gewichtheben unterschiedlicher Qualifikationen und ihre Beurteilung

4. Beispiel

Im Gewichtheben kommt es neben der Technik auf die statischen und die davon abhängigen dynamischen Kraftfähigkeiten des Athleten an. Die Erfahrung lehrt, daß ein schneller Anstieg der Kraft zu Beginn der Zugphasen beim Reißen einen entscheidenden leistungsbestimmenden Faktor darstellt. Mechanisch ist ein schneller Kraftanstieg immer gleichbedeutend mit einer großen Muskelleistung (die erforderliche Arbeit wird in kurzer Zeit verrichtet). Zur globalen Einschätzung der Kraftfähigkeiten des Athleten (die sich natürlich im Rahmen einer sorgfältig abgestimmten Technik entwickelt) wird die Ermittlung der ***vertikalen Kraft auf die Hantel*** oder stellvertretend (und näherungsweise) die auf das Gesamtsystem Körper-Hantel einwirkende Kraft (= Reaktionskraft am Boden) einen wesentlichen Beitrag leisten. Als Beispiel für den Kraftverlauf beim Reißen sind in *Abb. 68* zwei Athleten gegenübergestellt (WM 1985. 1: Weltmeister und Weltrekord, 2: Teilnehmer aus B-Gruppe). Die interessierende Größe ist die vertikale Kraft, an deren Verlauf der Kraftanstieg (Steilheit der Kurve) und Maxima hier von Bedeutung sind.

Es fällt unmittelbar auf, daß der Weltmeister eine deutlich andere Charakteristik als Athlet 2 aufweist. Besonders der Kraftanstieg ist bei 1 erheblich steiler, die Dauer der ersten Zugphase wesentlich kürzer als bei 2. Zudem ist zu beachten, daß das allgemeine Kraftniveau bei 1 (wegen des größeren Hantelgewichts) auch noch wesentlich höher liegt als bei 2.

Da erwartungsgemäß die Reaktionskraft am Boden wesentlich aussagekräftiger ist als etwa die Kinematik, wird der ständigen

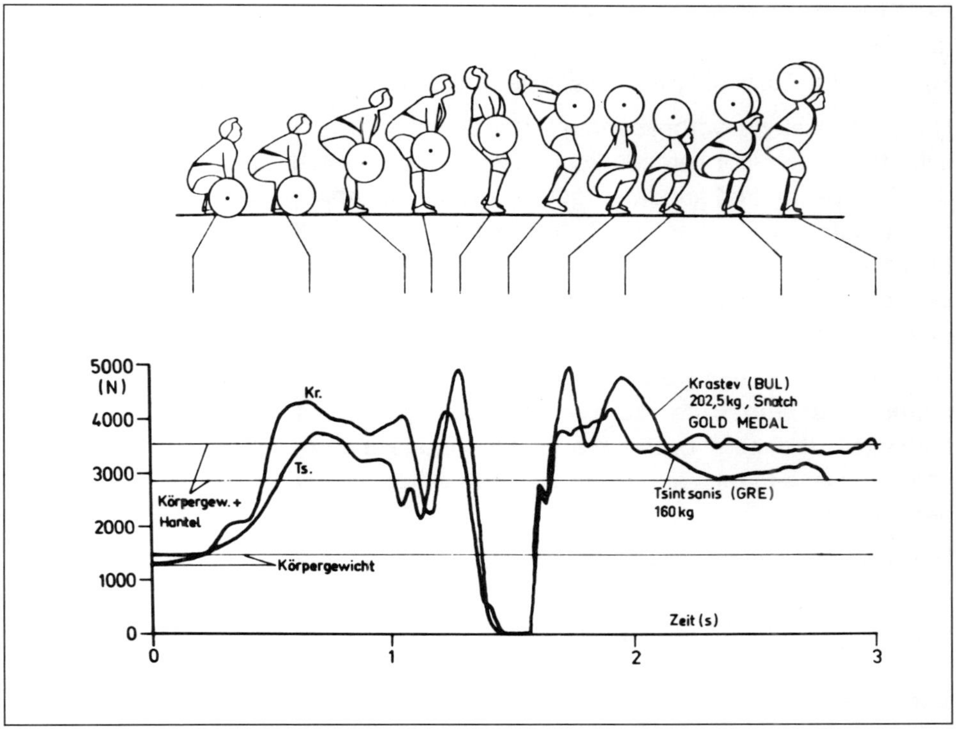

Abb. 68 Kraftverlauf beim Reißen

Ermittlung dieser Größe im Training der führenden Gewichthebernationen eine große Bedeutung beigemessen (auch in der Bundesrepublik Deutschland). Die sofortige Verfügbarkeit nach der Aktion macht die Kraft-Zeit-Charakteristik zu einem wertvollen diagnostischen Hilfsmittel.

5. Einfluß mechanischer Faktoren auf die Leistung im Rennrodeln

5. Beispiel

Die Leistung im Rennrodeln ist weitgehend von mechanischen Faktoren bestimmt. Die wesentlichen Einflußgrößen sind

— die Geometrie der Bahn (abschnittsweise Neigung und Kurvenverlauf)
— die Reibung zwischen Schlitten und Eis
— der Luftwiderstand des besetzten Geräts
— die Masse des Schlittens und Fahrers
— die Anfangsgeschwindigkeit bei Einfahrt in die Meßstrecke (Lichtschranke)

Die Endzeiten bei den verschiedenen Wettbewerben liegen so dicht beieinander, daß oft Zehntel, gelegentlich Hundertstel Sekunden den Ausschlag für die Plazierung geben.

Um eine Leistungsverbesserung zu erreichen, ist es erforderlich, den Einfluß der veränderlichen Größen (die meisten außer der Bahngeometrie) auf das Ergebnis möglichst genau zu kennen. Die für das Sportgerät Schlitten interessanten Größen sind die Reibung und — zusammen mit dem Athleten — die Masse und der Luftwiderstand. Für die Effektivität der Starttechnik maßgebend ist die Anfangsgeschwindigkeit.

Um den Einfluß dieser Größen zu berechnen, hat man ein ***mechanisches Modell*** der auf den Schlitten ***wirkenden Kräfte*** aufgestellt (für eine bestimmte Bahn: Kunsteisbahn Königssee/Berchtesgaden), das in Form einer Differentialgleichung den Zusammenhang der fraglichen Größen darstellt.

Die Bewegungsgleichung für das System lautet:

$$x\,(t) = g\,(\sin\alpha - \mu\cos\alpha)\left(\frac{c_W \tau A}{2\,m} + \frac{\mu}{r}\right)\cdot\frac{2}{x\,(t)}$$

Darin bedeuten

$x\,(t)$ = laufende Wegkoordinate in Abhängigkeit von der Zeit
α = Neigungswinkel des Bahnabschnitts
r = mittlerer Kurvenradius
g = Erdbeschleunigung
m = Masse von Schlitten und Fahrer
A = Schattenfläche (Schlitten und Fahrer)
τ = Dichte der Luft
c_W = Luftwiderstandsbeiwert
μ = Gleitreibungsbeiwert

Löst man diese Gleichung (jeweils für einen Bahnabschnitt wegen der veränderlichen Bahngeometrie), dann erhält man einen Ausdruck für die abschnittweisen Fahrzeiten, die über alle Teilstrecken zur Gesamtzeit zu addieren sind.

Diese Lösung enthält neben den oben genannten Größen auch noch die Anfangsgeschwindigkeit v_0. Für tatsächlich durchgeführte Läufe wurde das Modell überprüft und ergab Abweichungen zwischen gemessenen und berechneten Endzeiten von weniger als 2%. Dies berechtigt uns durch eine Variation der uns interessierenden Größen, ihren jeweiligen Einfluß auf das Gesamtergebnis zu berechnen. Die Variation der einzelnen

Größen wurde in einem praktisch realisierbaren Bereich vorgenommen. Die Ergebnisse sind in der folgenden Tabelle eingetragen:

Größe	Variation der Größe	Änderung der Gesamtzeit in %
Masse	+ 10 kg	— 0,25 . . . — 0,35
Reibung	+ 10%	+ 0,25 . . . + 0,30
Luftwiderstand	+ 10%	+ 0,45 . . . + 0,70
Anfangs-geschwindigkeit	+ 1 m/s	— 0,6

Änderungen der Gesamtzeit bei Änderung der mechanischen Faktoren

Demnach wirkt sich eine Vergrößerung der Masse um 10 kg in einer Verkürzung der Gesamtzeit von 0,25 . . . 0,35 s aus. Erhöhung der Reibung erhöht die Gesamtzeit, ebenso wirkt der Luftwiderstand. Die stärksten Einflüsse in dem betrachteten Bereich liefern Luftwiderstand und Anfangsgeschwindigkeit. Das sind die Faktoren, deren Änderung den größten Effekt verspricht. Nach diesen Ergebnissen hat man sich konsequenterweise mit der Reduzierung des Luftwiderstands befaßt (Verkleidung, Anzüge, Helme aerodynamisch gestaltet) und der Starttechnik besondere Beachtung geschenkt.

Wie man sieht, ist das mechanische Modell — sofern es in guter Näherung die Realität beschreibt — ein außerordentlich mächtiges Hilfsmittel bei der Differentialdiagnose der sportlichen Leistung zum Zwecke der gezielten, systematischen Leistungsverbesserung.

6. Zur Technik der Hürdenüberquerung

6. Beispiel

In den Hürdenläufen ist die Überquerung der Hürde und deren Auswirkung auf vorausgehende und nachfolgende Laufschritte von großer Bedeutung. Diese Phase ist mit einem Sprung vergleichbar und weist dementsprechend eine dem Weitsprung qualitativ sehr ähnliche dynamische Struktur auf. Bei der Hürdenüberquerung ist ein Verlust an (horizontaler) Laufgeschwindigkeit nicht zu vermeiden. Je geringer dieser Verlust ausfällt, desto günstiger ist die Ausführung zu beurteilen. Die auch in der Praxis stets geforderte „möglichst flache“ Überquerung der Hürde wirkt auch in diesem Sinne, da mit zunehmender Flughöhe des KSP auch die Flugdauer zunimmt. Diese muß aber klein gehalten werden, weil die Flugphase über der Hürde die langsamste Phase des Laufes ist.

Zur Beurteilung der Hürdentechnik kann man vorteilhaft die ***Kraftverläufe*** in der letzten Stützphase vor der Hürde heranziehen. In ***vertikaler*** und ***horizontaler*** Richtung geben die Kraftstoßflächen die zugehörigen Änderungen der jeweiligen Geschwindigkeitskomponenten an. Darüber hinaus sind die äußeren Kräfte mitbestimmend für die inneren Kräfte, speziell die Belastung des Bewegungsapparates.

In *Abb. 69* sind die vertikalen und horizontalen Kraftverläufe von zwei Hürdenläuferinnen dargestellt. Bei gleicher Dauer der Stützphase (ca. 0,12 s) ergeben sich für beide Läuferinnen deut-

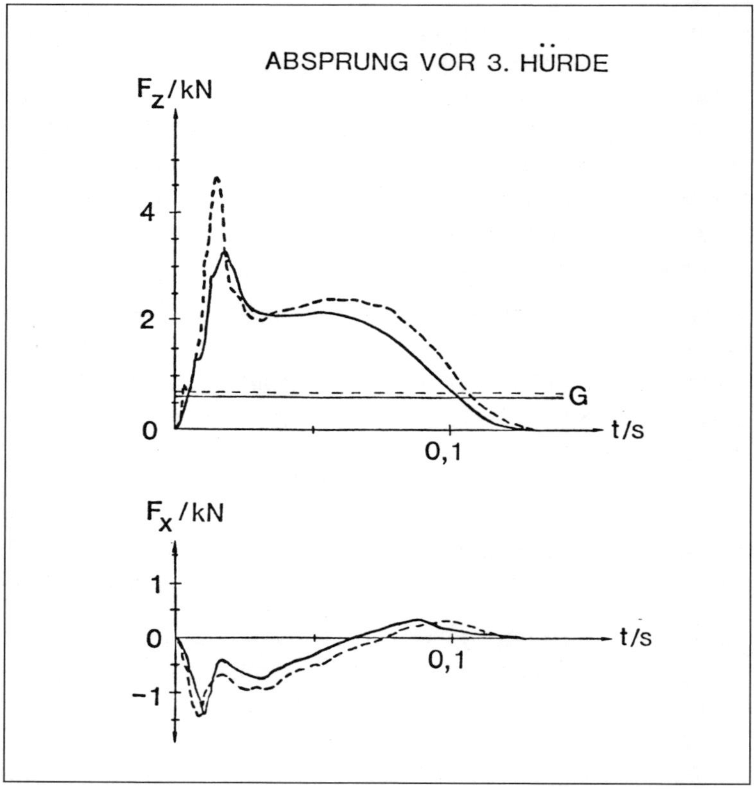

Abb. 69 Vertikale und horizontale Kraftverläufe von zwei Hürdenläuferinnen

liche Unterschiede in den beiden Kraftkomponenten. Die horizontale Kraft F_x bestimmt den Geschwindigkeitsverlust. Läuferin 1 weist eine kürzere Bremsphase auf mit deutlich geringerem Bremsimpuls (Fläche unterhalb der Achse) als Läuferin 2.

Die Dauer der Beschleunigungsphase ist entsprechend verlängert. Trotzdem ist die restliche positive Beschleunigung bei beiden Läuferinnen gleich. Aus diesem Vergleich ergibt sich unmittelbar für Läuferin 1 ein geringerer Geschwindigkeitsverlust. Bei Betrachtung der vertikalen Komponente F_z weist Läuferin 2 durchgehend höhere Kraftwerte auf. Was bedeutet das? Zunächst eine deutliche Erhöhung des Vertikalimpulses und damit der Geschwindigkeitsdifferenz zwischen Beginn und Ende der Stützphase. Geht man einmal davon aus, daß die vertikale Geschwindigkeit zu Beginn des Stützes bei beiden Läuferinnen gleich ist, dann verläßt Läuferin 2 den Stütz mit einer größeren vertikalen Abfluggeschwindigkeit. Damit wird der KSP eine größere maximale Flughöhe erreichen, was im allgemeinen mit längerer Flugdauer einhergeht. Das ist aber gerade zu vermeiden, hier also ungünstig.

Bezüglich der Belastung kann, zumindest für die Einflußgröße Reaktionskraft folgendes festgestellt werden: Sowohl das höhere Maximum als auch der steilere Anstieg der Kraft weisen bei Läuferin 2 auf eine ungünstigere Belastungssituation hin.

Bei Annahme sonst gleicher Bedingungen für beide Läuferinnen kann zusammenfassend gesagt werden: Läuferin 1 weist den geringeren Geschwindigkeitsverlust auf, durch kleineren Vertikalimpuls eine flachere Hürdenüberquerung und eine vermutlich geringere Belastung des Bewegungsapparates.

Hinweis →

Eine Verallgemeinerung dieser Sachverhalte läßt sich auch hier nicht einfach durchführen. Insbesondere sind bei dieser sehr vereinfachten Darstellung nicht alle Einflußgrößen und Abhängigkeiten berücksichtigt worden, die eine korrekte Interpretation mit beeinflussen.

4.2 Trainingsmethoden

Einführung

Die Biomechanik untersucht die grundlegenden Komponenten der sportlichen Technik und ihrer konditionellen Voraussetzungen, die in den Eigenschaften des aktiven und passiven Bewegungsapparats repräsentiert sind. Der systematische Aufbau eines effektiven Trainingssystems (Trainingsmittel und -methoden) muß daher grundsätzlich im Einklang mit den biomechanischen Gesetzmäßigkeiten sein. Diese Gesetzmäßigkeiten sind noch nicht in dem Maße bekannt und im Hinblick auf die praktische Anwendung entwickelt, wie dies notwendig wäre für eine umfassende wissenschaftliche Begründung des Trainings. Diese Erforschung und Entwicklung bleibt eine ständige Aufgabe der Biomechanik.

Problemstellung

Gleichwohl gibt es viele Anwendungsfälle, in denen die Unterstützung durch die Biomechanik erforderlich und auch zu verwirklichen ist.

Man kann dabei zwei Anwendungsbereiche unterscheiden:

— Einsatz biomechanischer Informationssysteme im Training
— biomechanische Begründung von Trainingsmitteln und -methoden.

Die beiden Bereiche unterscheiden sich in der Basis des Bewertungssystems der technischen und konditionellen Komponenten und im Grad der theoretischen Durchdringung des Trainingsprozesses. Auch hier kann nicht immer eine reinliche Trennung bzw. Zuordnung vorgenommen werden.

4.2.1 Biomechanische Informationssysteme im Training

Problemstellung

Jede biomechanische Messung liefert objektive und im Rahmen der Meßgenauigkeit quantifizierte Informationen über die ausgewählten Bewegungsmerkmale oder Eigenschaften des Bewegungsapparats. Objektivität und Differenzierungsvermögen der biomechanischen Ergebnisse übertreffen oft das Wahrnehmungsvermögen des Trainers in räumlicher und zeitlicher Hinsicht ganz erheblich. Darüber hinaus hat die Biomechanik meßtechnischen Zugriff zu wichtigen Größen, die der Beobachtung praktisch nicht zugänglich sind: Reaktionskräfte am Boden, Beteiligung und Zusammenspiel der Muskulatur u. a. m. Ein objektives Bild vom Ist-Zustand eines Bewegungsablaufs und seiner Ursachen ist jedoch eine wesentliche Grundlage für die Bewegungsbeurteilung und die ggf. erforderliche Ableitung von Korrekturmaßnahmen.

Auswertung

Um diese Informationsmöglichkeiten zu nutzen, ist es in der ersten Stufe noch möglich, die Bewertungskriterien aus der Erfahrung des Trainers abzuleiten. Als alleinige Basis der Beurteilung sollte dieses Bezugssystem jedoch nur solange beibehalten werden, als es nicht durch fundierte biomechanische Erkenntnisse zu ergänzen, zu verändern oder zu ersetzen ist. Über diese Informationen hinaus gibt es Fälle, in denen einzelne Parameter der Bewegung nicht über den Umweg Trainer — Messung, Beurteilung, Bewegungsanweisung — korrigiert werden müssen, sondern durch direkte Rückkopplung an den Athleten in geeigneter Form sehr effektiv in den Trainingsprozeß einbezogen werden können. Dabei werden die Simultaninformationsmöglichkeiten der Biomechanik genutzt, wobei wiederum das Beurteilungskriterium allein vom Trainer bestimmt werden kann.

Zusammenfassend kann man die Kennzeichen dieses Vorgehens wie folgt angeben:

— Bewertungskriterien vorrangig im Bezugssystem des Trainers.

Von den biomechanischen Verfahren werden genutzt

— Objektivität und Differenzierungsvermögen
— Zusatzinformation über nicht wahrnehmbare Parameter
— Sofort- bzw. Simultaninformationskapazität.

Zwei Beispiele sollten diese Vorgehensweise veranschaulichen.

1. Absprung beim Skisprung

1. Beispiel

Für den Absprung auf dem Schanzentisch stehen dem Springer ca. 0,25 s zur Verfügung. Bei einer Geschwindigkeit von 25—29 m/s (90—105 km/h) erfolgt die Absprungstreckung in Hüft- und Kniegelenk. Über den Beginn und den zeitlichen Verlauf der Streckung hat der Trainer Erfahrungswerte, die die Soll-Bewegung definieren. Bezüglich des Kniegelenkwinkels beim Überfahren der Schanzentischkante ist keine komplette Streckung, sondern ein Winkelwert von ca. 140° erwünscht (und auch biomechanisch begründbar). Die Beobachtung und Körperhaltung ist aber nicht mit der erforderlichen Genauigkeit möglich.

Hier kann man ein biomechanisches Meß- und Datenübertragungssystem einsetzen. Am Knie des Skispringers wird ein ***elektrischer Winkelmesser*** (Goniometer) angebracht, dessen Signale während des ganzen Sprunges drahtlos zu einem Empfänger mit angeschlossenem Bildschirm am Beobachtungsstand des Trainers übertragen werden. Quasi-simultan mit der Bewegung kann der zeitliche Verlauf des Kniegelenkwinkels speziell bei der Absprungstreckung dargestellt (und gespeichert) werden.

Abb. 70 zeigt ein Beispiel. Daraus können der Kniegelenkwinkel in der Anfahrhaltung, Beginn und Amplitude einer leichten ausholenden Beugung und die Streckung im Kniegelenk entnommen werden. Ein zusätzlich aufgenommenes Signal vom Schanzentisch erlaubt auch die räumliche und zeitliche Zuordnung der Bewegung zur Schanzentischkante.

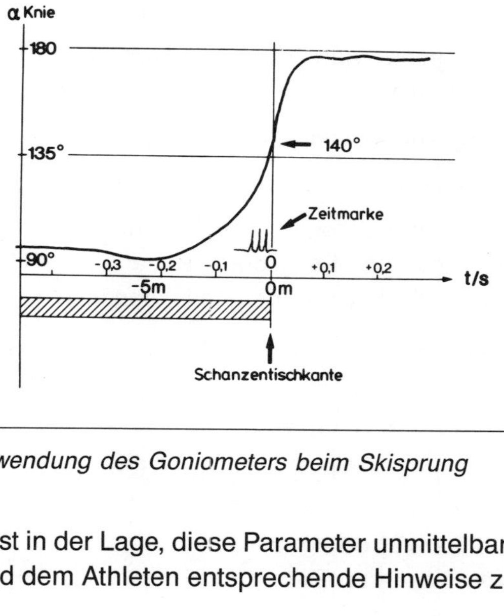

Abb. 70 Anwendung des Goniometers beim Skisprung

Der Trainer ist in der Lage, diese Parameter unmittelbar zu interpretieren und dem Athleten entsprechende Hinweise zu geben.

2. Rückkopplung (Feedback) beim Hammerwurf

Beim Training des Hammerwurfs sind gleichzeitig eine Reihe verschiedener Teilbewegungen zu koordinieren, deren Beachtung und Erlernung durch die Konzentration auf die Hammerbewegung erschwert ist. Z. B. ist nach Meinung des Trainers die **2. Beispiel**

Einhaltung eines bestimmten Kniegelenkwinkels des Stützbeins bei der Körperdrehung erforderlich. Um die Hauptaufmerksamkeit des Athleten von der schwierigen Aufgabe der Hammerbeschleunigung nicht zu sehr abzulenken, kann man den Kniegelenkwinkel über ein biomechanisches Rückkopplungssystem sehr wirksam in die Trainingsübung miteinbeziehen *(Abb. 71).*

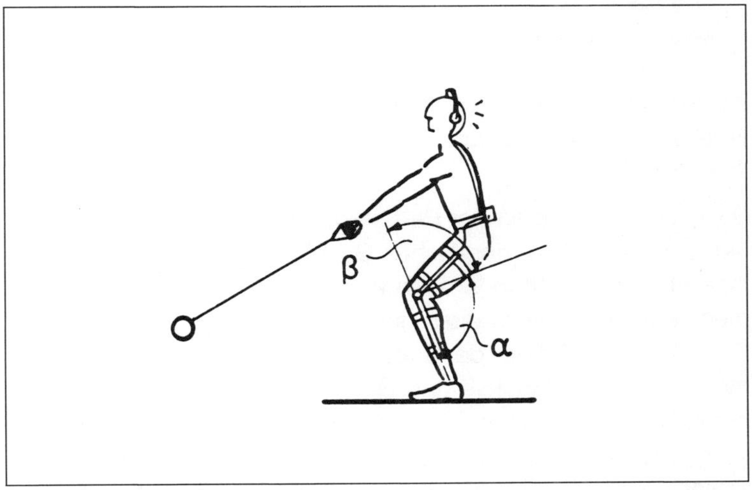

Abb. 71 Anwendung des Goniometers beim Hammerwurf

Der Kniegelenkwinkel wird mit einem ***elektrischen Winkelmesser*** fortlaufend gemessen. Das analoge elektrische Signal wird am Körper des Athleten durch ein elektrisches System in akustische Signale umgesetzt, die dem Kniegelenkwinkel entsprechen. Dies kann z. B. derart erfolgen, daß bei zu kleinem Winkel ein tiefer Ton, bei zu großem Winkel ein hoher Ton und in einem gewissen Bereich um den Sollwert kein Ton produziert wird. Dieses Signal wird dem Athleten/Trainer hörbar gemacht mit Lautsprecher bzw. Ohrhörer. Der Athlet hat damit während der ganzen Bewegung eine Information über den Kniegelenkwinkel, die die Leistungsfähigkeit seines kinästhetischen Analysators zumindest anfänglich weit übertrifft. Entsprechend dem Signal kann der Athlet seine Korrekturen vollziehen (und darüber hinaus sein subjektives Empfinden überprüfen und schulen).

Untersuchungen mit einem solchen System haben erstaunliche Verkürzungen der Lernzeit ergeben.

4.2.2 Biomechanische Begründung von Trainingsmitteln und -methoden

Problemstellung

Systematisches und wirksames Training basiert auf zwei wesentlichen Voraussetzungen:

— Kenntnisse über die erforderlichen Fähigkeiten und Fertigkeiten (disziplinspezifisch und leistungsabhängig)
— Kenntnisse über die tatsächlichen Wirkungen von Trainingsübungen bezüglich der geforderten Veränderung von Fähigkeiten und Fertigkeiten.

Auswertung

Beides setzt eine Quantifizierung der Bewegungsausführungen voraus, und zwar sowohl der Wettkampfübung wie auch der Trainingsübung.

Dabei müssen die an der Peripherie des Körpers meßbaren kinematischen und dynamischen Größen und die berechenbaren inneren dynamischen Größen miteinbezogen werden. Die biomechanischen Beschreibungsgrößen Gelenkwinkel, Lage der Gelenkachsen, Vektor der äußeren Reaktionskraft, Muskelkraftmomente sowie Muskel- und Gelenkkräfte beschreiben die kinematische und dynamische Struktur der Bewegungsausführung. Speziell der Ermittlung von Muskelkraftmomenten und — soweit möglich — von Muskel- und Gelenkkräften kommt dabei besondere Bedeutung zu. Diese Größen geben Auskunft über die mit der Bewegung verknüpfte Belastung des Bewegungsapparats. Für die Muskulatur stellt diese Belastung die Anforderung (in der Wettkampfübung) bzw. den Trainingsreiz (bei der Trainingsübung) dar und ist daher von zentraler Bedeutung für das systematisch aufgebaute Training.

Hinweis ←

Dieser Bereich steht erst am Anfang der wissenschaftlichen Bearbeitung. Viele der dabei auftretenden Probleme speziell bei der Bestimmung der Muskelkräfte müssen noch gelöst werden. Dazu bedarf es auch entsprechender Grundlagenforschung. Alternativen zu dieser Vorgehensweise, die tatsächlich über das empirisch-intuitive Planen von Trainingsmaßnahmen hinausgehen, sind jedoch nicht erkennbar.

Zusammenfassung

Zusammenfassend kann man den skizzierten Aufgabenbereich wie folgt kennzeichnen:

— Bewertungskriterien vorrangig aus dem biomechanischen Bezugssystem

— Identifikation leistungsbestimmender technischer und konditioneller Faktoren der Wettkampfübung
— Effektivitätsprüfung von Trainingsübungen durch Quantifizierung der Input-/Output-Relationen.

Beispiel

Anhand der biomechanischen Aspekte des Sprungkrafttrainings sollen die Problematik und der Lösungsansatz erläutert werden.

Sportliche Sprünge werden unter verschiedenartigen Bedingungen und Zielsetzungen ausgeführt. Entsprechend differenziert sind die Anforderungen an Sprungtechnik und konditionelle Voraussetzungen. Trotz aller Verschiedenheit kann man folgende Eigenschaften als allen Sprüngen gemeinsam definieren:

— die Abfluggeschwindigkeit ist zu maximieren
— das wesentliche Antriebselement ist die untere Extremität
— Antriebsweg und Antriebsdauer sind begrenzt.

Das bedeutet die Übertragung einer maximalen mechanischen Arbeit auf den Körper, die wegen der begrenzten Ausführungsdauer eine maximale Muskelleistung erfordert.

$$\text{Arbeit} = \text{Kraft} \cdot \text{Weg}$$

$$\boxed{W = F \cdot s}$$

$$\text{Leistung} = \frac{\text{Arbeit}}{\text{Zeit}} = \frac{\text{Kraft} \cdot \text{Weg}}{\text{Zeit}} = \text{Kraft} \cdot \text{Geschwindigkeit}$$

$$\boxed{P = F \cdot v}$$

Leistung ist ein Maß für die Geschwindigkeit, mit der eine Kraft Arbeit verrichtet. Damit werden zwei ganz wesentliche Aspekte gerade der muskulären Kraftentfaltung erfaßt.

Dabei verstehen wir unter der Kraft F die auf den Körper der Masse m einwirkende Gesamtkraft, die gleich ist der um die konstante Gewichtskraft verminderten Bodenreaktionskraft. Offensichtlich ist dieses globale Modell des Antriebs nicht ausreichend, um die Beiträge der einzelnen Muskelgruppen zu erfassen.

Ein etwas verfeinertes Modell stellt die einem Kurbetrieb vergleichbare ***kinematische Kette*** mit den Gelenken 1 (= Fuß), 2 (= Knie) und 3 (= Hüftgelenk) dar *(Abb. 72).* In den Gelenken bringen wir Generatoren an, die Drehmomente M_1, M_2 und M_3 im Sinne einer Vergrößerung der jeweiligen Gelenkwinkel erzeugen können. Damit sind die (eingelenkigen) Strecker darstellbar.

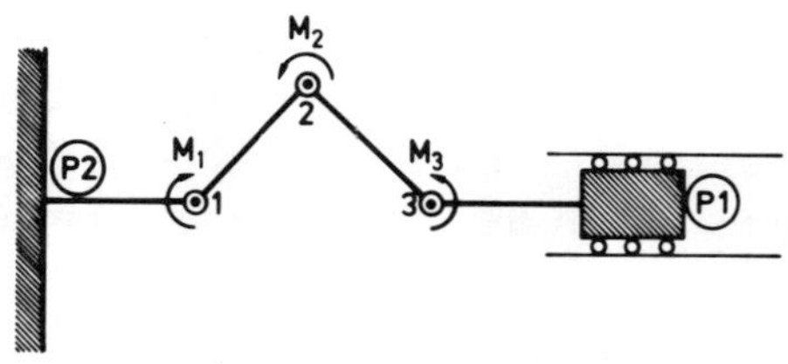

Abb. 72 Modell des Beinantriebs: Kinematische Gelenkkette

Es ist einsichtig, daß viele verschiedene Kombinationen der drei Momente existieren, die einen bestimmten Output, z. B. meßbar als Kraft und Geschwindigkeit an der Kolbenbewegung (Meßpunkt P 1), produzieren können. Umgekehrt bedeutet dies, daß aus Messungen von Kräften bzw. Geschwindigkeiten an der Peripherie des Systems (Punkte P 1 und/oder P 2) keine Aussagen über die Antriebskraft bzw. -leistung der einzelnen Generatoren (Muskelgruppen) abgeleitet werden können (tatsächlich ist die Situation noch komplizierter, wenn man die Antagonisten mitberücksichtigt). Eine ,,Differentialdiagnose" des Antriebs erfordert die Ermittlung der Muskelkraftmomente im Fuß-, Knie- und Hüftgelenk.

Dies ist möglich im Rahmen einer komplexen biomechanischen Analyse der betreffenden Bewegungen, bei der ***kinematische, dynamische*** und ***anthropometrische*** Beschreibungsgrößen ermittelt und in einem mechanischen Modell zur Berechnung der Muskelkraftmomente und teilweise auch der Muskel- und Gelenkkräfte herangezogen werden.

Für einfache Sprungübungen sind im folgenden ausgewählte Ergebnisse referiert.

In *Abb. 73a, b und c* ist ein Jump and Reach dargestellt.

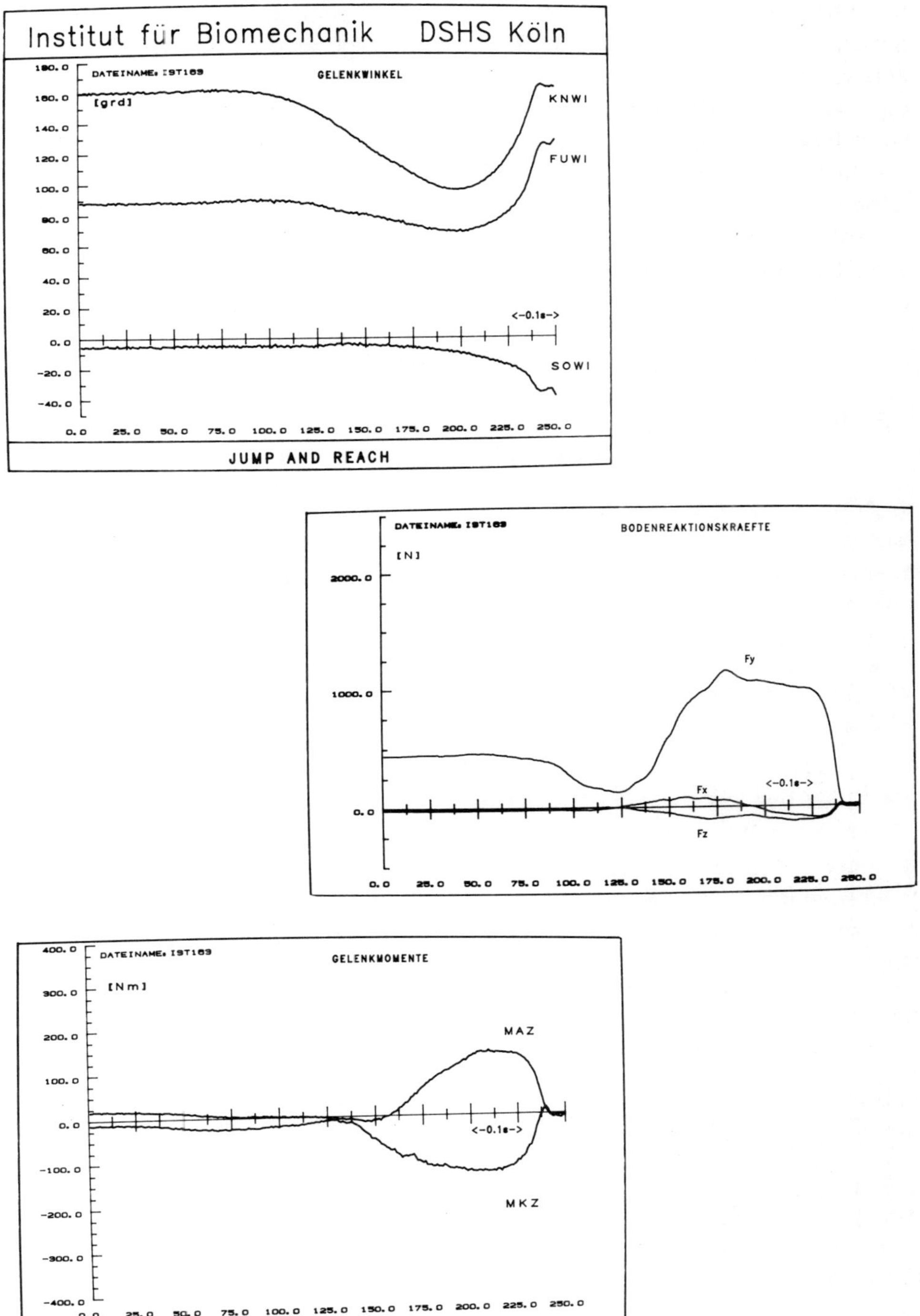

Abb. 73a, b, c Jump and Reach: Gelenkwinkel, Bodenreaktionskräfte, Gelenkmomente

Die Vertikalkomponente der Bodenreaktionskraft zeigt deutlich die Ent- und Belastung während der Ausholbewegung, die hier kurz vor dem Erreichen des Kraftmaximums beendet ist. Die zugehörigen Muskelkraftmomente zeigen einen davon sehr verschiedenen Verlauf: von Null ausgehend erfolgt eine monotone Zunahme bis zum Maximum und dann ein rascher Abfall zum Ende des Bodenkontakts. Anhand der Gelenkwinkel kann man die exzentrischen und konzentrischen Muskelaktionen unterscheiden, die durch das Minimum des Gelenkwinkels getrennt werden.

Deutlich zu erkennen ist die Reihenfolge der Muskelaktionen: zuerst im Kniegelenk, dann im Fußgelenk. Wesentlich ist ferner, daß offenbar aus der äußeren Reaktionskraft nicht so einfach auf die Muskelkraft geschlossen werden kann.

In *Abb. 74a und b* sind die in der Sagittalebene wirkenden Muskel- und Gelenkkräfte im Fußgelenk dargestellt, vergleichend für zwei Tiefsprünge der gleichen Versuchsperson aus unterschiedlichen Höhen. Beim Sprung aus 35 cm Höhe erreicht die Muskelkraft Werte um 4,5 kN (= 4500 N), die Gelenkkraft ca. 6 kN (= 6000 N). Beim Sprung aus 74 cm Höhe ist die maximale Muskelkraft um ca. 10% höher (5 kN), reicht aber offenbar nicht aus, um ein Durchschlagen der Ferse zu verhindern, was mit einer enormen stoßartigen Gelenkkraft von mehr als 10 kN beantwortet wird. Bei dieser Versuchsperson ist es nicht sinnvoll, die große Sprunghöhe zu wählen, da einem sehr geringen Zuwachs an Muskelkraft eine überproportionale Gelenkbelastung gegenübersteht. Zu beachten ist allerdings auch der schnellere Anstieg der Muskelkraft bei der größeren Sprunghöhe.

Hinweis ←

Daten dieser Art können für viele Trainings- und Wettkampfübungen ermittelt werden. Erfahrungen mit einer großen Zahl solcher Untersuchungsergebnisse und weitere grundlegende Erkenntnisse werden die Interpretation vergleichender Analysen sicherer und genauer machen und damit die eingangs erwähnten Voraussetzungen für ein biomechanisch begründetes systematisches und effektives Training verbessern.

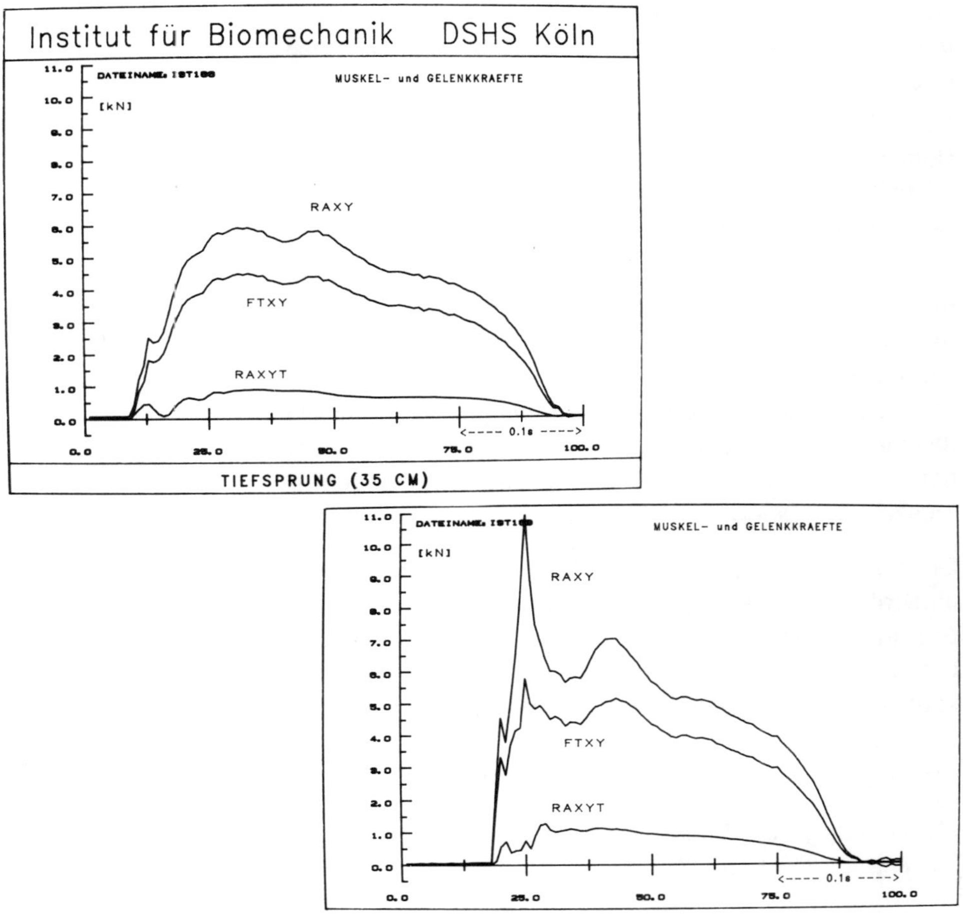

Abb. 74a, b Muskel- und Gelenkkräfte bei zwei Tiefsprüngen

4.3 Sportgeräte und Ausrüstung

Die Entwicklung von Sportgeräten und der Ausrüstung der Athleten haben die sportliche Leistungsentwicklung und die Sicherheit der Athleten wesentlich beeinflußt. Kunststoffbahnen, Glasfiberstab, Skiausrüstung und aerodynamische Verkleidung von schnellen Sportgeräten sind augenfällige Beispiele dafür.

Unter intensiver Beteiligung der Biomechanik sind entwickelt worden: Das Weltrekordrad von Francesco Moser, die leistungsstarke Rollauslegerkonstruktion des Rudereiners (inzwischen wieder verboten), die an die Feder-Dämpfungseigenschaften des Menschen angepaßte Mittelstreckenbahn an der Harvard Universität (USA).

Sport- und schutzfunktionellen Eigenschaften von Sportböden und -schuhen sind umfangreiche Forschungsarbeiten gewidmet.

Von besonderer Bedeutung ist dabei die Biomechanik des Sportschuhs, die die Eigenschaften des zwischen Mensch und Boden eingeschalteten „Übertragungsglieds" zu verbessern sucht. Auch hier sind Aspekte der Leistung **und** der Belastung des Bewegungsapparats zu beachten.

In zunehmendem Umfang befaßt sich die Biomechanik auch mit Trainingsmitteln und -geräten, die sie im Hinblick auf die Erfüllung der gestellten Zielsetzungen untersucht und weiterentwickelt. Beispiele für diesen Arbeitsbereich sind Untersuchungen zum Einfluß des Skirollers (Trainingsgerät der Skilangläufer) auf die Bewegungstechnik sowie zahlreiche Untersuchungen zur Wirkung verschiedener Krafttrainingsgeräte beim Muskelkrafttraining.

Hinweis ⟵

Der Trainer wird vielleicht nur gelegentlich mit dieser Problematik konfrontiert. Trotzdem erschien die Anfügung dieser knappen Information über ein Teilgebiet der Biomechanik angebracht, in dem die mechanischen Bedingungen, unter denen sportliche Bewegungen ablaufen, behandelt werden.

Aufgabe 14

Bitte beantworten Sie die folgenden Fragen:

1. *Welche wesentlichen Aufgabenbereiche hat die Biomechanik des Sports?*
2. *Welche Komponenten der sportlichen Leistung untersucht die Biomechanik?*
3. *Welche Kriterien kann man zur Beurteilung der sportlichen Technik benutzen?*
4. *Welche Anwendungsbereiche der Biomechanik kann man im Training unterscheiden?*
5. *Welche für das Muskelkrafttraining entscheidenden Größen kann man mit biomechanischen Methoden bestimmen?*
6. *Mit welchen Belastungen des Fußgelenks (oberen Sprunggelenks) muß man bei Niedersprüngen rechnen?*

5. Anhang

5.1 Lösungen zu den im Text gestellten Aufgaben

Aufgabe 1, S. 29

1. Die Kinematik beschreibt die räumlich-zeitliche Charakteristik der Bewegung
2. Bewegung ist Ortsveränderung von Körpern in Raum und Zeit
3. Fortschreitende Bewegung (Translation) und Drehbewegung (Rotation)
4. a) gleichförmige Bewegung
   b) gleichmäßig beschleunigte Bewegung
5. Geschwindigkeit ist das Verhältnis von zurückgelegtem Weg zur benötigten Zeit; $v = \frac{\Delta s}{\Delta t}$
6. In Meter/Sekunde; m/s
7. Mittlere Geschwindigkeit ist gemittelt über einen Zeitabschnitt, Momentangeschwindigkeit gilt für einen bestimmten Zeitpunkt
8. Beschleunigung ist das Verhältnis der Änderung der Geschwindigkeit zur benötigten Zeit; $a = \frac{\Delta v}{\Delta t}$
9. In Meter/(Sekunde)^2; m/s^2
10. Die Tangente an die Geschwindigkeits-Zeitkurve gibt die Steigung an und damit die momentane Beschleunigung

Aufgabe 2, S. 36

1. Die Winkelgeschwindigkeit ist definiert als Winkeländerung zur benötigten Zeit; $\omega = \frac{\varphi}{x}$
2. In Grad/Sekunde; °/s
3. Die Winkelbeschleunigung ist definiert als Verhältnis der Änderung der Winkelgeschwindigkeit zur benötigten Zeit; $\alpha = {}^{w}/_{t}$
4. In Grad/(Sekunde)^2; °/s^2
5. Bahngeschwindigkeit = Winkelgeschwindigkeit mal Radius: $v_B = w \cdot r$

Aufgabe 3, S. 41

1. Vektoren
2. Betrag, Angriffspunkt, Richtung
3. Durch einen Pfeil
4. Durch geometrische Addition: Aneinandersetzen der Vektoren

Aufgabe 4, S. 45

1. Zeitliche Ableitung, Tangente an Weg-Zeit-Kurve
2. Integration, Ermittlung der Fläche zwischen Beschleunigungs-Zeitkurve und Zeitachse

Aufgabe 5, S. 52

1. Eine Parabel
2. Abfluggeschwindigkeit, Abflugwinkel und Abflughöhe
3. Von der Flughöhe
4. v_0 und h_0

Aufgabe 6, S. 63

1. Die Dynamik behandelt die Wirkung von Kräften auf Körper
2. Durch verformende Wirkung und durch beschleunigende Wirkung
3. In Newton, N
4. Die Statik untersucht das Gleichgewicht der Kräfte
5. Drehmoment ist Kraft · Hebelarm; $M = F \cdot r$
6. In Newton · Meter, Nm
7. Den senkrechten Abstand der Wirkungslinie der Muskelkraft vom betrachteten Drehpunkt
8. Summe aller Kräfte gleich Null
   Summe aller Momente (bezüglich eines Drehpunkts) gleich Null
9. Die Messung der Bodenreaktionskraft, der Hebelarme von Bodenreaktionskraft und Muskelkraft bezüglich der Gelenkmitte
10. Der Schwerpunkt bewegt sich so, als wenn alle von außen am Körper angreifenden Kräfte in ihm angreifen würden
11. Von der Körperhaltung, d. h. der Lage sämtlicher Körperteile zueinander
12. Vom Körpergewicht, der Höhe des Körperschwerpunkts und dem Abstand des Lotes durch den Körperschwerpunkt von der Kippkante

Aufgabe 7, S. 80

1. Die Untersuchung des Zusammenhangs zwischen Kräften und den daraus resultierenden Bewegungen
2. Die Änderung des Bewegungszustands ist der einwirkenden Kraft proportional und geschieht in der Richtung der Kraft; $\vec{F} = m \cdot \vec{a}$
3. Die von zwei Körpern aufeinander ausgeübten Wirkungen sind stets gleich groß und von entgegengesetzter Richtung;
   $\vec{F}_{1 \rightarrow 2} = \vec{F}_{2 \rightarrow 1}$
4. 1 Kp = 9,81 N
5. Impuls = Masse x Geschwindigkeit; $p = m \cdot v$
6. In kg m/s oder N · s
7. Die Änderung des Impulses ist gleich dem Kraftstoß;
   $F \cdot \Delta t = m \cdot \Delta v$
8. Arbeit = Kraft · Weg; $W = F \cdot s$
9. In Newton · Meter, Nm
10. Hubarbeit und Beschleunigungsarbeit
11. Mechanische Arbeit erfordert einen Weg (den der Angriffspunkt der Kraft zurücklegt), physiologische Arbeit nicht (z. B. Haltearbeit)
12. Energie ist die Fähigkeit Arbeit zu verrichten
13. In Newton · Meter, Nm
14. Lageenergie (potentielle Energie) und Bewegungsenergie (kinetische Energie)

15. Lageenergie: $E_{pot} = m \cdot g \cdot h$
    Bewegungsenergie: $E_{kin} = \frac{1}{2} m \cdot v^2$
16. In einem abgeschlossenen System bleibt die Summe der Energie konstant
17. — Leistung $= \frac{\text{Arbeit}}{\text{Zeit}}$, $p = \frac{W}{t}$
18. — In $\frac{\text{Newton} \cdot \text{Meter}}{\text{Sekunde}}$, $\frac{\text{Nm}}{\text{s}}$ oder Watt, W

Aufgabe 8, S. 92

1. Der Bewegungsapparat paßt sich den äußeren mechanischen Reizen an
2. Der passive Bewegungsapparat besteht aus dem Skelett und den Gelenken einschließlich Knorpel, Bänder und Sehnen
3. Der aktive Bewegungsapparat wird durch die Skelett-Muskulatur gebildet
4. Körpergröße und Körpergewicht, Gliederlängen, Masse und Massenverteilung
5. Dem kontraktilen Element, dem parallel-elastischen Element und dem Serien-elastischen Element
6. Isometrische, konzentrische und exzentrische Kontraktion
7. Messung der Aktivität des Muskels
   Messung der Änderung der Muskellänge
8. Länge des Muskels
   Muskelquerschnitt
   Geschwindigkeit der Längenänderung
9. Bei exzentrischer Kontraktion
10. 50—100 N/cm^2
11. Senkrechter Abstand der Wirkungslinie der Muskelkraft von der betrachteten Gelenkmitte

Aufgabe 9, S. 100

1. Empfindlichkeit
   Fehler
   Grad der Rückwirkung
   Informationszeitpunkt
   Möglichkeit der Fernmessung
   Aufwand
2. Konstanter zum Teil berechenbarer Einfluß auf das Meßergebnis
3. Bewirken zufällige Streuung der Meßwerte
4. Durch wiederholte Messung unter gleicher Bedingungen
5. Verfälschender Einfluß des Meßverfahrens auf das Meßobjekt

Aufgabe 10, S. 106

1. Schwerpunktwaage; eindimensional mit einer Waage, zweidimensional mit zwei Waagen
2. Kopf und Rumpf 50 %
   Bein 20 %
   Arm 5 %

Aufgabe 11, S. 126

1. Ausgewählte Zeitintervalle in Größen-Zeit-Funktionen und Lichtschranken
2. Ergebnis sofort verfügbar
   Meßwerte einfach zu speichern
3. Fadenmethode mit Tachogenerator oder Frequenzänderung einer bewegten Schallquelle
4. Optische Abbildung durch ein Linsensystem, Messung erfolgt am Bild
5. Von der Bildfrequenz, Anzahl der Bilder/Sekunde und von der Belichtungsdauer
6. Durch kurze Belichtungsdauer
7. Das Verhältnis von Bildgröße zu Objektgröße; $m = \frac{B}{O}$
8. Im räumlichen und zeitlichen Auflösungsvermögen; bei normalen Kameras beides ungünstiger bei Videotechnik
9. 25 B/s
10. Mindestens zwei

Aufgabe 12, S. 132

1. Zweihorizontale und die vertikale Komponente der Reaktionskraft
   Lage des Angriffspunkts der Kraft
   Das Moment um die vertikale Achse
2. Geschwindigkeitsänderungen des Körperschwerpunkts in drei Komponenten

Aufgabe 13, S. 134

1. Die Registrierung der mit der Muskelaktivität verbundenen elektrischen Signale
2. Unterscheidung zwischen Ruhe, schwacher und starker Aktivität des Muskels
   Zeitliches Aktivitätsmuster
   Zusammenwirken mehrerer Muskelgruppen (Koordination)
3. Nein

Aufgabe 14, S. 160

1. Verbesserung der sportlichen Technik
   Verbesserung der Trainingsmethoden
   Verbesserung der Ausrüstung
2. Technik, Kondition und äußere Bedingungen
3. Abweichungen von der Technik der besten Athleten
   Biomechanische Gesetzmäßigkeiten
4. Einsatz biomechanischer Informationssysteme
   Biomechanische Begründung von Trainingsmethoden
5. Muskelkraftmomente, Muskel- und Gelenkkräfte
6. Zwischen 6000 und 10000 N

5.2 Verzeichnis der Abbildungen

5.3 Literaturverzeichnis

BALLREICH, R./BAUMANN, W.: Biomechanische Leistungsdiagnostik. Ziele — Organisationen — Ergebnisse. Berlin 1983.

BALLREICH, R./BAUMANN, W. (Hrsg.): Grundlagen der Biomechanik des Sports. Probleme, Methoden, Modelle. Stuttgart 1988.

BÄUMLER, G./SCHNEIDER, K.: Sportmechanik. München 1981.

DONSKOI, D. D.: Grundlagen der Biomechanik. Berlin (Ost) 1975.

HOCHMUTH, G.: Biomechanik sportlicher Bewegungen. Berlin (Ost) 1981.

WINTER, D. A.: Biomechanics of Human Movement. New York 1979.

ZACIORSKIJ, V.: Biomechanik des menschlichen Bewegungsapparates. Berlin (Ost) 1984.